석인본 〈북관일기〉의 누락 부문, 초서원고본을 통해 확인 복원
임진왜란 당시 함경도 관찰사 겸 도순찰사의 186일간 기록

# 중호 윤탁연
# 북관일기

## 重湖 尹卓然 北關日記

尹卓然 원저
申海鎭 역주

보고사
BOGOSA

# 머리말

이 책은 중호(重湖) 윤탁연(尹卓然, 1538~1594)이 1592년 4월 25일부터 1593년 8월 13일까지 임진왜란 당시 전란의 상황을 기록한 일기를 번역하였다. 이 일기는 윤탁연의 문집《중호선생문집(重湖先生文集)》의 상권과 하권에 걸쳐 수록된〈북관일기(北關日記)〉로 186일간 기록한 것이다.

윤탁연의 본관은 칠원(漆原), 자는 상중(尙中), 호는 중호이다. 윤석보(尹碩輔, ?~1505)의 증손자, 석보의 차남 내섬시 판관 윤문형(尹文亨, 생몰년 미상)의 손자이다. 부친은 우봉 현령 윤이(尹伊, 1502~1576)이고, 모친은 안동 김씨(安東金氏) 김윤선(金胤先)의 딸이다. 1558년 생원시에 합격하고, 1565년 알성 문과에 급제하여 승문원에 보임되었다. 1568년 천추사(千秋使) 서장관으로, 1573년 주청사(奏請使) 서장관으로 명나라를 다녀왔다. 1575년 동래부사와 상주 목사를 지냈고, 1580년 좌승지와 1581년 도승지 등을 지냈으며, 1582년 경상도 관찰사와 1585년 경기도 관찰사를 지냈다. 그 뒤로 한성부판윤에 승진하고 형조판서와 호조판서를 지냈다. 1591년 종계변무(宗系辨誣)의 공으로 광국공신(光國功臣) 3등에 책록되고 칠계군(漆溪君)에 봉해졌으며, 특히 비변사 유사 당상(備邊司有司堂上)을 역임하였다.

윤탁연은 1592년 임진왜란이 일어나자 4월 29일 임해군(臨海君)

호종 임무를 맡아 이튿날 함경도로 떠났으며, 함경도 함흥에서 근
왕병(勤王兵)을 불러 모았으나 호응을 받지 못하였다. 가등청정(加
藤淸正: 가토 기요마사)이 이끄는 왜군이 철령을 넘어 북상하자, 임해
군 일행이 회령(會寧)으로 허겁지겁 피난하여 윤탁연은 삼수(三水)
의 별해보(別害堡)에 남게 되었다. 회령에 뒤늦게 들어온 순화군(順
和君)과 함께 임해군은 전란 중에도 회령의 토호들에게 행패를 부리
고 부녀자들을 강탈하였는데, 함경도 회령의 아전 국경인(鞠景仁)
등이 반란을 일으켜서 임해군과 순화군 등을 체포하여 왜장 청정(淸
正)에게 넘겨주었다. 이에, 선조(宣祖)는 7월 10일 윤탁연을 함경도
관찰사로 임명하고, 이틀 뒤인 7월 12일에 특명으로 도순찰사까지
겸직하도록 하였다. 곧 남병사와 북병사를 아울러 통솔하고 관군과
의병을 모두 동원하여 가토의 왜군을 물리치고 속히 두 왕자를 구출
하라는 의미였다. 왜냐하면, 함경도 내의 외관(外官)을 규찰하고 수
령까지 포함한 성적을 1년에 2차례 평가하여 보고할 수 있었으니
도내의 군사 및 민사를 지휘하고 통제할 수 있었을 뿐만 아니라,
직단권(直斷權: 독자적 처분 권한)이 있어 일을 처리하는데 독자적인
권한이 주어진 데다 전란에서의 군권까지 장악하였으니, 말 그대로
함경도 관군의 총괄자였다고 할 수 있기 때문이다.

그렇지만 주지하듯 윤탁연은 북관의 의병을 거느린 정문부(鄭文
孚, 1565~1624)와 손을 잡지 못하고 서로 알력이 있었다. 처음에 정
문부가 직급이 낮은 6품의 북평사(北評事)로서 스스로 의병대장이
라 일컫고 2품의 관찰사 윤탁연에게 관문(關文)을 보내왔는데, 그
문투가 대등한 입장에서 맞상대하려는 듯하였다. 그리하여 윤탁연

은 "평사(評事)는 일개 막료의 관직이니, 마땅히 감사의 지휘를 받아야 한다."라고 하였으나, 젊은 정문부는 그 명령에 따르지 않았다. 그러하였지만 정문부의 의병은 경성(鏡城)을 수복하고 회령으로 진격하여 두 왕자를 왜군에게 넘겨준 국경인의 숙부 국세필(鞠世弼) 등을 죽이고 반란을 평정하였다. 또한 명천(明川)·길주(吉州)에 주둔한 왜군과 장덕산(長德山)에서 싸워 대승하여 〈장덕산 대첩〉이라 일컬었고, 그해 12월 쌍포(雙浦) 전투와 1593년 1월 백탑교(白塔郊) 전투에서 왜군을 크게 무찔러 이른바 〈북관대첩〉이라 일컬었으니, 관북 지방을 완전히 수복하였다. 백탑교 싸움에는 남관(南關)의 의병대장 한인제(韓仁濟)가 좌위장(左衛將)이 되어, 북관(北關)의 의병과 함께 왜적과 싸워서 전공을 세웠다. 이러했음에도 윤탁연은 정문부가 전후로 세운 전공(戰功)을 모두 사실과 다르게 조정에 보고하였다고 《선조수정실록》에서는 부정적인 인물로 묘사되지만, 실제 기록들을 살펴보면서 과연 그러한지 짚어볼 필요가 있다. 또한 그러하다면 그 이유가 무엇인지도 다방면으로 아울러 짚어볼 필요가 있다.

이에, 윤탁연의 실제 기록으로 일컬어지는 〈북관일기〉를 주목하였다. 이 일기가 함께 수록된 문헌은 1957년 석인본(石印本) 상하 2권 1책으로 간행된 《중호선생문집》과, 2005년 칠원 윤씨 칠계군 종친회에 의해 비매품으로 간행된 《중호선생문헌집(重湖先生文獻集)》이 있다. 특히, 문헌집은 이전에 간행된 문집과 비교하면, 북관일기의 '초서원고본'을 영인한 점, 김현영과 류주희 글이 수록된 점, 조선왕조실록 관련 기사를 조사하여 수록한 점 등이 보태었고 아울러 번역한 점이 다르다. 그러나 아직도 여전히 여러 면에서 전문가의 손길이 필요해 보인다. 다만, 초서원고본은 문헌의 변주 과정을 살펴보는데 중요한 자료라 하겠다.

이 책에서는 1957년 간행 석인본 〈북관일기〉를 주 텍스트로 하되, 초서원고본을 통해 확인한 누락 부분은 각주에 원문과 번역문을 실었다. 초서원고본의 탈초는 2005년 당시 국사편찬위원회 교육연구관 김현영 선생이 공들인 것인데, 그 공 덕분으로 활자화하는데 수월하였으니 고마운 마음을 표한다. 한번 확인해보면 좋을 것으로, 석인본에서 초서원고본의 내용을 변개한 곳은 없었으며, 대부분 누락만 있었다는 점이다. 누락은 대부분 윤탁연의 개인사이거나 노비와 관련된 것 등이었다. 초서원고본은 적어도 1957년 석인본 간행 시에 존재했음을 확인할 수 있었다. 실상이 이러하다면 초서원고본도 윤탁연의 '친필초서본'에서 누락시키고 정리되었을 가능성이 농후하다. 하여 작가론을 비롯해 당대의 실상을 논할 때 상당히 조심스럽게 접근해야 함을 알 수 있다. 이에, 연구자들이 문헌의 변주 실상을 확인할 수 있도록 초서원고본의 이미지도 함께 영인하려고 했으나, 관계자들이 승낙하지 않아 못내 아쉽다.

이 책을 통하여 임진왜란 초기에 조선의 풍패지향(豊沛之鄕)인 함경도에서 관찰사 겸 도순찰사였던 윤탁연이 왜군의 동태를 파악하여 행재소와 긴밀히 연락하면서 방비책을 세우고 민심을 안정시키기 위해 동분서주한 모습을 보여주며, 당대의 미세하고 다양한 움직임을 기록한 것을 제대로 살펴보기를 바랄 뿐이다. 의병뿐만 아니라 관군들의 움직임도 좀 더 적극적으로 살펴보아야 하지 않을까

하기 때문이다.

　한결같이 하는 말이지만 나름대로 최선을 다하고자 했다. 그러함에도 불구하고 여전히 부족할 터이니 대방가의 질정을 청한다. 이 책과 같은 실기 문헌은 인물과 시간, 그리고 장소에 대해 정밀하게 주석 작업을 해야 하는데 아직도 채우지 못한 주석 작업이 많이 있지만 부족함을 채우고 오류를 바로잡는 과정에서 후의를 입었고, 또 비매품 문헌집을 기꺼이 보내 준 칠원윤씨칠계군종친회 윤순원 사무장에게 이 자리를 빌려 고마움을 표한다. 끝으로 편집을 맡아 수고해 주신 보고사 가족들의 노고와 따뜻한 마음에 심심한 고마움을 표한다.

2022년 9월 빛고을 용봉골에서

무등산을 바라보며 신해진

# 차례

## 만력 21년 계사년(1593)

## 부록

# 일러두기

이 책은 다음과 같은 요령으로 엮었다.

01. 번역은 직역을 원칙으로 하되, 가급적 원전의 뜻을 해치지 않는 범위 내에서 호흡을 간결하게 하고, 더러는 의역을 통해 자연스럽게 풀고자 했다. 다음의 자료가 참고되었다.
    • 『중호선생문헌집』(연구·번역편), 칠원윤씨칠계군종친회, 2005.

02. 원문은 저본을 충실히 옮기는 것을 위주로 하였으나, 활자로 옮길 수 없는 古體字는 今體字로 바꾸었다.

03. 원문표기는 띄어쓰기를 하고 句讀를 달되, 그 구두에는 쉼표( , ), 마침표( . ), 느낌표( ! ), 의문표( ? ), 홑따옴표( ‘ ’ ), 겹따옴표( “ ” ), 가운데점( · ) 등을 사용했다.

04. 주석은 원문에 번호를 붙이고 하단에 각주함을 원칙으로 했다. 독자들이 사전을 찾지 않고도 읽을 수 있도록 비교적 상세한 註를 달았다.

05. 주석 작업을 하면서 많은 문헌과 자료들을 참고하였으나 지면관계상 일일이 밝히지 않음을 양해바라며, 관계된 기관과 여러분께 진심으로 감사드린다.

06. 이 책에 사용한 주요 부호는 다음과 같다.
    • (     ) : 同音同義 한자를 표기함.
    • [     ] : 異音同義, 出典, 교정 등을 표기함.
    • “     ” : 직접적인 대화를 나타냄.
    • ‘     ’ : 간단한 인용이나 재인용, 또는 강조나 간접화법을 나타냄.
    • 〈     〉 : 편명, 작품명, 누락 부분의 보충 등을 나타냄.
    • 「     」 : 시, 제문, 서간, 관문, 논문명 등을 나타냄.
    • 《     》 : 문집, 작품집 등을 나타냄.
    • 『     』 : 단행본, 논문집 등을 나타냄.
    • ◇     : 초서원고본에는 있으나 석인본에는 없을 때.

07. 이 책과 관련된 안내 사항과 논문은 다음과 같다.
    • 1957년 간행 석인본 《중호선생문집》을 주 텍스트로 하되, 2005년 간행 『중호선

생문헌집』의 초서원고본과 대조하여 소소한 글자 출입은 차치하고 누락 문장 중심으로만 밝혀 두었다.

- 특히, 초서의 탈초는 2005년 당시 국사편찬위원회 교육연구관 김현영 선생이 공들인 것을 참고하였다.
- 김만호, 「임진왜란기 일본군의 함경도 점령과 지역의 동향」, 전남대학교 대학원 석사학위논문, 2008.
- 류주희, 「임진왜란을 전후한 윤탁연의 활동: 〈북관일기〉를 중심으로」, 『한국사상과 문화』 28, 한국사상문화학회, 2011.
- 서수용, 「중호 윤탁연 연구」, 『동양예학』 24, 동양예학회, 2020.
- 김재천, 「임진왜란 중 정문부와 윤탁연의 갈등 양상 연구」, 『동북아문화연구』 65, 동북아시아문화학회, 2020.

# 북관일기 하
# 北關日記 下

# 만력 21년 계사년
## (1593)

만력(萬曆) 21년 계사년(1593) 7월 1일(계축). 아침엔 비 저녁
엔 갬. 초양동에 있음.

이날 마땅히 망궐례(望闕禮)를 행해야 했으나, 효릉(孝陵: 仁宗)의
국기일인 까닭에 미처 행하지 못했다.

萬曆二十一年癸巳。七月初一日(癸丑)。朝雨晚晴。在初陽洞。

是日, 當行望闕禮¹, 而孝陵²國忌, 故未行。◇³

---

1 望闕禮(망궐례): 궁궐이 멀리 있어서 직접 궁궐에 나아가서 왕을 배알하지 못할
  때 멀리서 궁궐을 바라보고 행하는 유교 의례.

2 孝陵(효릉): 조선 제12대 왕 仁宗(1515~1545, 재위 1544년 음력 11월 20일~1545년
  음력 7월 1일)과 인종의 비 仁聖王后 박씨(1514~1577)의 무덤. 여기서는 인종을
  가리킨다.

3 "是日, 乃同知令公生辰, 妹氏草備, 茶禮而行之。營戶吏李春傑·刑房李繼陽
  下番, 戶吏金麒壽·兵吏金麒麟·禮吏全世龍入番.(이날 동지 영공의 생신날인
  데, 누이가 조촐하게 차려서 다례를 행하였다. 감영의 호방 이춘걸·형방 이계양
  이 당직을 마치고 하번하였으며, 호리 김기수·병리 김기린·예리 전세룡이 입번
  하였다.)"

## 7월 2일(갑인)。 맑음。

이전처럼 근무하였다.

七月初二日(甲寅)。 晴。

坐起如前。◇[4]

## 7월 3일(을묘)。 맑음。

이전처럼 근무하였다.

이날 굶주린 백성을 구하려고 봉인한 미곡(米穀)이 다시 나올 곳
이 없었는데도 영문(營門: 감영)에서 내어 주거나 또한 간혹 양식이
떨어져 밥 짓기만을 기다리는 때가 있으면 조정에서 별도로 조치하
여 준 일이 있었다. 가만히 듣건대 남쪽 변경에 주둔했던 적들이
바다를 건넜다고 하자 성윤문(成允文)은 거느렸던 군사를 도로 들여
보내 한편으로는 북도의 백성들이 놀라서 동요하는 것을 진정시키
고 한편으로는 북도에 있는 왜적이 넘보며 엿보지 못하도록 한 일,
안변(安邊) 등 고을의 농사 형편과 회령(會寧)의 부사(府使)·평사(評
事)를 재촉하여 내려보낸 일, 역적의 연좌는 그릇된 법이니 마땅히

---

4  "兵曹驛子, 往審安淸守, 持公事來, 家在東洞云, 付家奴了書而送。公事, 則
事變時, 孝子·烈女等, 訪問褒錄事也。杞城府院前, 修問札以付。說兒, 證候
甚重, 可慮.(병조의 역졸이 안청수를 살피러 갔다가 공문서를 가지고 왔는데
집이 동동에 있다고 하여 가노에게 쓴 편지를 부쳐 보냈다. 공문서는 사변 때
효자와 열녀 등을 찾아서 포상하고 기록하라는 일이었다. 기성부원군(유홍)에게
문안하는 편지를 써서 부쳤다. 설아는 병세가 심히 중하여 걱정스럽다.)"

전 가족의 시비를 가려서 밝혀 풀어주기를 바란 일, 전년도의 유지(宥旨: 사면령)를 옮겨 베껴서 내려보낸 일 등의 장계를 써서 올렸다.

七月初三日(乙卯)。晴。

坐起如前。◇[5] 是日, 所封救荒米穀, 更無出處, 營門[6]上下[7], 亦或有絶粮待炊之時, 朝廷別爲措置事。側聞南邊留賊過海, 成允文[8]所領兵還入送, 一以鎭北民之驚動, 一以絶北賊之覬覦[9]事, 安

---

5 "平海官人, 以本郡守房直, 乃此府人, 故欲知其父母安否, 委來時, 黃從事會元附送信書搜來, 蘇慰何言? 書中所言, 餘賊在金海·昌原·釜山·東萊等處云, 此處留賊, 似不過掠取歸粮, 亦云我國人, 未得隨歸者。而此書, 乃六月初一日所修, 則今過一朔, 萬無仍留之理。(평해 관원은 평해 군수의 방지기로 이 府의 사람이었던 까닭에 그 방지기의 부모 안부를 알고자 하여 일부러 찾아왔을 때, 종사관 황회원이 부쳐온 편지를 가지고 왔으니 위로가 됨을 어찌 다 말할 수 있으랴. 편지글 가운데 내용은 나머지 왜적들이 김해·창원·부산·동래 등지에 있다고 하면서, 이곳에 적들이 주둔한 것은 돌아가는 길에 필요한 양식을 약탈하려는 것에 불과한 듯하고, 또한 우리나라 사람들이 따라 돌아갈 수도 없다고 한 것이었다. 그런데 이 편지가 곧 6월 1일에 쓴 것으로, 지금 1달이나 지났으니 그대로 주둔하고 있을 리는 만무하였다.)"

6 營門(영문): 감사의 감영, 兵使의 병영, 水使의 수영을 통칭하는 말. 여기서는 감영을 가리킨다.

7 上下(상하): 관아에서 돈이나 물품을 내어 주는 일.

8 成允文(성윤문, 생몰년 미상): 본관은 昌寧, 자는 廷老, 호는 晩休. 1591년 갑산부사로 부임하여 재직 중, 이듬해 임진왜란을 당하여 함경남도병마절도사 李瑛이 臨海君·順和君 두 왕자와 함께 왜적에게 잡혀가자 그 후임이 되었다. 함흥을 점령한 왜적의 북상을 저지하기 위하여 黃草嶺戰鬪를 지휘하였다. 그러나 부하 장수의 전공을 시기한 나머지 과감한 공격을 제지하여 큰 전과를 올리지 못하였다. 함경북도 병마절도사를 거쳐 1594년 경상우도 병마절도사가 되었다. 그 뒤 진주목사를 거쳐 정유재란 때는 다시 경상좌도 병마절도사가 되어 경상도 해안의 여러 전투에서 공을 세웠다. 특히, 1598년 8월 생포한 왜적을 심문한 결과 도요토미[豊臣秀吉]의 병이 중하며, 부산·동래·西生浦의 왜적이 장차 철수할

邊¹⁰等官農事形止, 會寧¹¹府使·評事, 催促下送事, 逆賊緣坐非
法, 當全家¹²卜覈放送事, 前年宥旨¹³謄書下送事, ◇¹⁴ 狀啓。◇¹⁵


## 7월 4일(병진)。 비。

이전처럼 근무하였다.

올해의 수해는 근래에 없었던 것이어서 우리 함경도(咸鏡道) 백성
들의 생계가 매우 불쌍하니, 평안도(平安道)의 미곡을 이전에 재가
하여 내리신 숫자에 의하여 운반해 주도록 요청하는 장계를 썼으나
미처 성첩(成帖: 서명날인)하지 못하였다.

판관(判官) 김준(金濬)이 남쪽 고을의 자염감관(煮鹽監官: 소금 굽는
감독관)에서 정직되어 돌아와서 소금 굽는 절차를 물으니, 다른 고을
에서는 있는 힘을 다하는 것 같으나 영흥(永興)·안변(安邊)은 전연

---

계획임을 조정에 알려 이에 대비하게 하였다.

9 覬覦(기유): 분수에 넘치는 야심으로 기회를 노리고 엿봄.

10 安邊(안변): 함경남도 최남단에 있는 고을. 동쪽은 강원도 통천군, 서쪽은 강원도
   이천군, 남쪽은 강원도 평강군·회양군, 북쪽은 문천군·원산시·동해와 접한다.

11 會寧(회령): 함경북도 북부 중앙에 있던 고을. 동쪽은 종성군, 서쪽은 무산군,
   남쪽은 부령군, 북쪽은 중국 만주 지방의 길림성과 접한다.

12 全家(전가): 전 가족. 조선 시대 죄인을 그의 전 가족과 함께 변방으로 옮겨 살게
   한 형벌인 全家徙邊에서 나온 말이다.

13 宥旨(유지): 임금이 죄인을 용서한다는 명령. 사면령.

14 "慶源府牒呈據 禾乙厚等, 于知介, 作賊計料事.(경원부의 첩정에 의거하여 화
   을후 등이 지개에서 도둑질할 생각.)"

15 "營六房金應蘭陪去.(감영의 육방 김응란이 모시고 갔다.)"

거행하지 않으면서 도리어 위험한 말을 하여 공포심을 불러일으켜 다시 검사하고 독려할 길이 없었다고 하였다. 굶주린 백성들 가운데 소금으로 생계를 유지하여 살아나가는 자는 부지기수였지만, 수령 등은 사사로이 소금을 구워서 사사로이 쓸 수 없는 것으로 분하게 여겨 거짓말을 퍼뜨려 인심을 선동하니 매우 가증스러웠다고 하였다. 조정의 명령을 수령이 행하지 않으면서 조금도 죄책감이 없으니, 어찌해야 하며 어찌해야 하겠는가.

七月初四日(丙辰)。雨。

坐起如前。今年水災, 近古所無, 此道民生, 極爲矜惻, 平安道米穀, 依前啓下數, 運轉事, 狀啓, 未及成帖。判官金濬, 以南官煮鹽監官, 停罷而還, 問其煮鹽節次, 則他邑, 則似爲盡力, 而永興[16]·安邊, 則全不擧行, 反爲恐動, 更無檢督之路矣。飢民之(鹽)生活者, 不知其幾, 而守令等, 以不得私煮私用爲憤, 胥動浮言[17], 極爲痛憎云。朝廷命令, 守令不行, 而少無罪責, ◇[18] 奈何奈何? ◇[19]

---

16  永興(영흥): 함경남도 남부에 있는 고을. 동쪽은 동해, 동북쪽은 정평군, 서쪽은 낭림산맥으로 평안남도 맹산군·양덕군, 북쪽은 영원군, 남쪽은 고원군·문천군과 접한다.

17  胥動浮言(서동부언): 거짓말을 퍼뜨려 인심을 선동함.

18  "反加寵異, 宜其如此.(도리어 총애가 더해진 것이 의당 이와 같았으니.)"

19  "是夜, 余暴得水痢, 一夜之間, 出入五度, 氣甚困憊, 艱得治療, 少蘇.(이날 밤에 내가 갑자기 설사를 만나 하룻밤 사이에 5번이나 화장실을 출입하니 매우 기운이 없었지만, 간신히 치료를 받아 조금 나았다.)"

## 7월 5일(정사)。 비。

이전처럼 근무하였다.

오시(午時: 낮 12시 전후)에 성윤문(成允文)이 전 북병사(前北兵使)로서 군사들을 거느리고 남쪽【협주: 남령의 전쟁터로 갔다.】으로 나가 두루 보고 돌아왔는데, 북청(北靑) 소식을 물으니, 답하기를, "반드시 다른 걱정이 없는지는 알지 못하겠으나 강여울이 바다처럼 넘실넘실 불어도 요즈음 걱정할 만한 일이 없다고 한다면, 제가 어찌 감히 나갔다가 이런 말을 하겠습니까만, 진실로 이와 같았습니다." 라고 하였다. 이 영공(令公)은 지난번 나에게 첩보(牒報: 서면보고)하여 말하기를, "이곳 변방의 일은 걱정할 만하니, 영문(營門: 감영) 군관(軍官)을 청컨대 빼내어 들여보내 주십시오."라고 했었는데, 지금 이러한 말을 하니 대개 믿기가 어려우나 강물이 불었다는 말은 적실한 듯하다. 또 말하기를, "우리 도(道)의 정예병을 남쪽으로 차출하는 일은 극히 온당치 못하니, 사도(使道)가 만약 그 수를 줄이고자 한다면 의당 명대로 하겠습니다."라고 하였다. 내가 대답하기를, "조정에서 근간에 반드시 다른 전교(傳敎)가 있을 것이니, 내가 어찌 감히 마음대로 지휘할 수 있겠는가?"라고 하자, 성윤문이 답하기를, "제가 길에서 만약 날짜가 지체되면 장계(狀啓)로 아뢰려고 합니다."라고 하여, 내가 답하기를, "이는 마음대로 하오."라고 하였다.

七月初五日(丁巳)。雨。

坐起如前。午時, 成允文以前北兵使, 領軍南出【赴南嶺[20]戰所也.】, 歷見而歸, 問北消息, 則答曰: "未知必無他慮, 而江灘如海, 近無可虞, 小的豈敢以出去, 而爲此言也, 實爲如是."云。此令公, 頃日牒報于余, 曰: "此處邊事可虞, 營門軍官, 請除出入送." 云, 而今有此言, 大槩難信, 而水漲之言, 似爲的矣。又曰: "此道精兵, 南出之事, 極爲未穩, 使道若欲減數, 當依命."云。余答: "以朝廷近必有他敎, 余何敢擅自指揮耶?" 成答曰: "小的路中, 若至滯日, 則欲爲狀稟."云, 余答曰: "此則任意爲之." ◇²¹

## 7월 6일(무오)。 맑음。

이전처럼 근무하였다.

좌수(座首) 주응린(朱應麟)이 부(府: 함흥부)의 성인 해창(海倉)이라고 하는 곳으로부터 돌아왔는데, 내려갈 때 성천교(城川橋) 머리에서 배를 타고 곧바로 해창에 이르니 백성들의 밭들이 바다를 이루어 극히 참혹하고 측은했다고 하였다. 백성들 가운데 죄를 얻음이 더할 수 없이 무겁다고 할 만하니, 하늘이 화를 내린 것을 뉘우치지 않아서 한결같이 이 지경에 이르렀는지라 한탄스럽고 비통하였다.

봉사(奉事) 주한평(朱漢平)이 굶주린 백성을 구제하는 일로 산사(山社: 산에 있는 面)에 갔다가 돌아와서 말하기를, "근래에 봄보리가 이미 익어서 백성들의 굶주린 기색이 전처럼 심하지 않은 듯합니

---

20  南嶺(남령): 함경남도 북청군 안산사 노은리에 있는 고개.

21  "爲可, 主簿韓景琦, 以軍官出去, 千萬意外, 得此高官, 不勝感祝云。余答曰: '此吾惠耶? 千萬勿更言.'(주부 한경기가 군관으로 나갔다가 천만뜻밖에 이러한 높은 관직을 얻어서 감축해 마지않았다. 내가 답하기를, '이것이 내 은혜인가? 절대로 다시는 말하지 말라.'라고 하였다.)"

다."라고 하였다. 내가 말하기를, "익은 빛으로 변한 것이 아니라 지난날 시들어 누렇게 된 것일 터이니, 곧 죽을 때가 되지 않았는 가?"라고 하니, 답하기를, "그렇다면 반드시 소문이 떠돌았겠지만 들은 바가 전혀 없었습니다."라고 하였다.

七月初六日(戊午)。晴。

坐起如前。◇[22] 座首朱應麟, 還自府城曰海倉, 下去時, 自城川 橋[23]頭乘船, 直到海倉, 民田成海, 極爲慘惻云。民之得罪, 可謂 至矣, 天不悔禍, 一至於此, 可歎可痛。◇[24] 奉事朱漢平, 以飢民 賑救事, 往山社[25]而還, 曰: "近則春牟[26]成熟, 民之飢色, 似不如 前之甚."云。余曰: "非是變色, 前日萎黄者, 無乃死耶?" 答曰: "然則, 必有所聞, 而無所聞云矣."

---

22  "陽城千福還, 附送男一母及鄭忠順·李座首了書, 虎母了書亦付。且付乾魚小 佾, 約以來朔間, 觀勢率來。(양성의 천복이 돌아갔는데, 남일 어미 및 정충순· 이 좌수에게 쓴 편지를 부쳐 보냈고, 호 어미에게 쓴 편지도 부쳤다. 또 건어 작은 보따리를 부치고, 다음 달 사이에 상황을 보아가며 데려오겠다고 약속하 였다.)"

23  城川橋(성천교): 함경남도의 함흥을 지나 흥남시에서 동해로 흘러드는 강에 있 던 다리.

24  "城內廨舍, 則上衙幾盡建立, 而時未修粧, 客舍則舊基尙未修治, 不得經始云. (성안의 관청이 상아(上衙: 성주의 집무처)는 거의 다 건립되었으나 때맞춰 아직 단장하지 못했고 객사는 옛터를 아직도 보수하지 못하여 시작도 하지 못하고 있었다.)"

25  山社(산사): 社는 작은 행정 단위이니, 산에 있는 面을 가리킴.

26  春牟(춘모): 봄보리.

## 7월 7일(기미)。 아침에 무지개가 보이더니 비。

이전처럼 근무하였다.

아침이 되어 들으니 어제저녁에 고원(高原)의 공사사(公事使: 공문서 전달자)가 와서 말하기를, "우리 도(道)에서 정예병 차출하는 것을 멈추라는 유지(有旨)가 있습니다."라고 하면서, 부(府)에 살던 직장(直長) 문원(文蘊)이 종기로 죽었다고 하니 참으로 마음 아픈 일이었다. 이 사람은 지난해 군사를 일으킬 때 의병을 일으킨 사람이었다. 이로써 직장의 직임을 받았으나 갑자기 병으로 죽었으니 가련하였다.

오시(午時: 낮 12시 전후)에 이성(利城)의 신임 현감 이복경(李復慶)이 강서현(江西縣: 평안도 소재)의 행조(行朝: 행재소)에서 돌아왔는데 행재소는 아주 평안하다고 하면서 성지(聖旨: 임금의 명)를 가져와 전하였다. 지난달 21일 성첩(成帖: 관인 날인)한 것이었는데, 죄상이 여지없이 드러나서 귀신과 사람을 매우 분개하도록 한 자는 제외하고, 어리석은데다 완고하여 협박에 못 이겨 따른 무리는 경(卿: 윤탁연)이 일체 죄를 묻지 말고 힘써 위로하라는 것이었다.

또 성윤문(成允文)에게 보내는 유지(有旨)를 가지고 왔는데, 북도(北道)의 정예병을 거느리고 영남(嶺南)으로 가지 말라는 것이었다. 이는 오직 북쪽 사람들의 다행일 뿐만 아니라 호인(胡人: 여진족)들도 왜적이 가버린 것으로 알고서 의심하지 않으리니, 실로 국가의 다행이었다.

올해의 수해는 매우 혹심하니 평안도의 미곡(米穀)을 운반하여 굶주린 백성을 구제하는 일, 수령을 갑자기 교체하는 것은 온당치 못한 일이라고 써서 장계(狀啓)를 올렸다.

七月初七日(己未)。朝虹見而雨。

坐起如前。朝來聞之，則昨夕高原[27]公事使來言："此道精兵停出事，有旨。"云，府居直長文奄[28]，以腫永逝[29]云，可慟。此人，上年起兵時，倡義人也。以此得受直長之職，而遽以病逝，可憐。午時，利城新縣監李復慶，來自行朝江西縣[30]，行在萬安，賫聖旨來傳。前月二十一日成帖，罪狀暴著，憤極神人者外，愚頑脅從[31]之徒，卿其一切勿問，務加慰【缺】事也。又賫成允文處有旨，北道精兵，勿爲領赴嶺南事也。此非但北人之幸也，胡人等亦知賊去無疑，實是國家之幸也。◇[32] 今年水災甚酷，平安道米穀運轉救荒

---

27 高原(고원): 함경남도 남부에 있는 고을. 군수를 두었다.

28 文奄(문엄, 생몰년 미상):《正祖實錄》1795년 5월 25일 2번째 기사에서 사후 치제와 사액이 이루어진 것은 확인되나, 개인 정보는 알 수 없음.

29 永逝(영서): 영원히 잠든다는 뜻으로, 죽음을 이르는 말.

30 江西縣(강서현): 조선 시대 평안도 강서현 지역을 관할하던 관청이자 행정구역. 정5품의 현령이 고을을 다스렸으며, 임진왜란 때는 宣祖가 강서현 행궁에서 머무르기도 하였다.

31 脅從(협종): 협박에 못 이겨 따른 자.

32 "見舍第抱川書，浩然陞司饔奉事，沈日贊爲軍資參奉云，父母之不得罪於天，亦可驗也。利倅，順慶之弟也，以忠義得軍功，陞敍，曾經判官云。爲人似甚拙劣，而不仍房有慶之假差，而旋授此人爲官，擇人之美，不可復見，可嘆。第時未試可，亦安知龔黃手段耶?(아우인 포천 현감의 편지를 보건대, 호연은 사옹원 봉사로 승진했고, 심일찬은 군자감 참봉이 되었다고 하니, 부모님께서 하늘에 죄를 짓지 않았음을 또한 징험할 수 있겠다. 이성 현감은 이순경의 아우인데, 충의로 군공을 세워 승진하여 서용된 것으로 일찍이 판관을 지냈다고 하였다. 사람됨이 매우 졸렬한 것 같았는데, 방유경이 임시로 차출한 자를 계속 두지 않고 돌연 이 사람을 현감으로 제수하니, 사람을 택하는 아름다움을 다시 볼 수가 없어 개탄스럽다. 다만 때맞춰 미처 괜찮은지 시험하지 않고 또한 공황의

事, 守令遞易未安事, 狀啓。◇<sup>33</sup>

### 7월 8일(경신)。 비가 오다가 낮엔 개더니 밤에 비。

이전처럼 근무하였다.

주부(主簿) 한경기(韓景琦)가 성윤문(成允文)의 군관(軍官)으로서 남쪽으로 나갔다가 돌아와 말하기를, "행조(行朝: 행재소)의 사람들 모두가 '함경도(咸鏡道)의 왜적이 가장 먼저 도망가버렸는데, 만약 순찰사가 사태에 매우 적절하게 대응하여 왜적으로 하여금 자구책 마련에 지치게 만들지 않았다면 어찌 이와 같은 일을 이룰 수 있었겠나?'라고 하였으며, 북도(北道)의 정예병으로서 되돌아온 자들 모두가 춤을 추면서 말하기를, '이는 순찰사가 장계(狀啓)를 올린 덕분이다.' 했습니다."라고 하였다. 내가 답하기를, "행조(行朝)의 사람들 가운데 비록 공정한 말을 하는 사람이 있을지라도, 도내(道內)에 적을 두둔하여 보호하는 사람 또한 공정한 말을 하지 않는다면 어찌 할 것이며 어찌하겠는가? 이번 북병(北兵)의 일은 비단 나의 뜻일 뿐만 아니라, 순변사(巡邊使)가 북쪽 변방의 일을 직접 보았던 까닭에 함께 의논하여 장계(狀啓)를 올린 것이니, 나의 덕이라고 칭송하는 것은 잘못이다."라고 하였다.

七月初八日(庚申)。雨午晴夜雨。

---

수단이 있는지 어찌 알겠는가?)"

33 "營屬高應凱陪去。(감영의 구실 고응개가 가지고 갔다.)"

坐起如前。◇³⁴ 主簿韓景琦, 以成允文軍官, 南出而還, 曰: "行
朝之人, 皆曰: '咸鏡之賊, 最先遁去, 若非巡察, 十分策應, 使賊
疲於自救, 則何能致此?'云, 北道精兵之還入者, 皆蹈舞而言曰:
此乃巡察使狀啓之德也云, 余答曰: "行朝之人, 則雖有公言之人,
而道內護賊之人, 亦有不爲公言, 如何如何? 今次北兵事, 非但
吾意, 巡備使³⁵目睹北邊之事, 故同議狀啓, 稱吾德, 誤也."


## 7월 9일(신유). 간혹 비 오다가 간혹 갬. 혜성이 북방에 나타남.

이전처럼 근무하였다.

새벽에 우연히 밖으로 나와 북방의 하늘가에 별이 있는 것을 보
니, 모양은 희미하고 작았으나 빛살은 서남쪽으로 뻗쳐서 길이가
1장쯤 되었다. 밝았다 꺼졌다 하여 마음속으로 매우 괴이하게 여겼
으나 입 밖으로 말하지 않았다. 아침이 되자 비장(裨將) 몇 명이 와
서 말하기를, "새벽이 되었을 때 별이 있었는데, 꼬리가 1장쯤 되는

---

34 "洪原主人金千世來, 同縣品官等, 願以郭崙, 啓請爲縣監, 非但再任爲難, 而
已陞判官之人爲縣監, 別無利益, 且以蘇殘之責, 未可必付之此人, 故退狀
矣. 甫乙下斂使李惟一告辭, 附明川了文字. 監牧官裵千國, 以馬政事, 向端
川.(홍원의 주인 김천세가 왔는데, 홍원현의 품관 등이 곽륜을 현감으로 삼도록
장계를 올려 아뢰기를 원한다고 하였으나, 비단 재임하는 것이 어려울 뿐만 아니
라 이미 판관으로 승진한 사람을 현감으로 삼는 것이 별다른 이익이 없는 데다
지쳐 힘든 백성을 살리는 책임을 반드시 이 사람에게 줄 필요가 없었으므로 書狀
을 물리쳤다. 보을하 첨사 이유일이 작별을 고하였는데, 명천에 보내는 글을 부
쳤다. 감목관 배천국이 마정의 일로 단천을 향하여 갔다.)"

35 巡備使(순비사): 巡邊使의 오기.

것이 북방에 보였습니다.”라고 하였고, 하리(下吏: 하급 아전)가 말하기를, “계미년(1583) 변란(變亂: 니탕개의 침입 사건) 전에도 이처럼 별의 기이한 현상이 있었습니다.”라고 하였다. 내가 답하기를, “변고란 헛되이 생기는 것이 아니라지만, 어찌 그 어느 일에 대한 응징인지 알 수 있겠느냐? 지금 북쪽에서 온 천병(天兵: 명나라 군대)이 신속하게 왜적을 소탕하여 죽거나 도망가서 남쪽 변방에 적이 없으니, 또한 이러한 응답을 한 것이 아닌지 어찌 알겠느냐?”라고 하여서 의혹을 풀어주었다.

七月初九日(辛酉)。或雨或晴。彗見北方。

坐起如前。曉偶出於外, 見北方天際有星, 體則微少, 而有芒氣西南, 長可一丈。或明或滅, 心甚怪之, 而不發於言。朝來裨將數人, 來言: “曉來有星, 尾可一丈者, 見於北方。”云, 下吏曰: “癸未變[36]前, 有此星變。”云。余答曰: “變不虛生, 而安知其某事之應耶? 今者北來天兵, 迅掃賊倭, 或死或遁, 南邊無賊, 亦安知非此應耶?”以此解之。


**7월 10일(임술)。 맑음。 초양동에 있음。**

이전처럼 근무하였다.

이날 새벽에 일어나 보니 별의 기이한 현상이 어제와 같았다. 아

---

36  癸未變(계미변): 1583년 두만강 북쪽 지역의 여진 추장 泥湯介가 조선의 함경도 阿山堡와 慶源鎮 일대를 대규모로 침입했던 사건.

침에 경흥(慶興)의 면천(免賤) 사내종 이심배(李深培)가 보고한 고목 (告目: 문서)에 의하면, "지난달 19일에 행조(行朝: 행재소)에서 출발 하였는데, 들은 바는 왜적 등이 보옥(寶玉)·부녀자 및 왕자를 취하 여 이미 바다를 건넜고, 바다를 건너는 날에 포로가 된 우리나라 사람 1만여 명을 7진영(陣營)으로 나누어 바닷가에 늘어세워 놓아서 군대의 형세로 위장한 것은 대개 그 반쯤 건너갔을 때 〈조선이〉 불 시에 습격하여 죽일까 두려웠기 때문입니다. 그 뒤로 버리고 간 사 람들은 기세가 다하며 힘이 약해서 나아가기도 물러가기도 낭패스 러워지자 여러 고을을 불태우니, 원수(元帥) 권율(權慄)이 독포사(督 捕使) 박진(朴晉)·이빈(李贇)·김응서(金應瑞)·병수사(兵水使) 등과 함께 삼도(三道)의 민병(民兵)을 합하여 바야흐로 토벌할 것을 의논 한다고 하였습니다. 천병(天兵: 명나라 군대)이 동쪽으로 내려가고 평 양(平壤)에서 죽기로 싸운 뒤에 〈왜적이〉 하는 일 없이 그럭저럭 머 무르며 돌아가지 않는데도 기꺼이 소국(小國: 조선)을 위하여 원수를 갚으려고 하지 않은 것은 바로 중국의 장구한 계책이었습니다. 왜 구가 멀리 달아나기에 이르자, 곧바로 회군하여 지난달 24일에 이 제독(李提督: 이여송)이 한양(漢陽)에서 군사들을 돌이켰고 송 경략 (宋經略: 송응창)도 제군(諸軍)들을 차례대로 철수해 갔습니다."라고 하였다. 주상이 주청사(奏請使)로서 황진(黃璡)을 파견한 것은 다름 아니라 우리나라가 오로지 천병(天兵)만을 의지하여 힘써 싸웠는데, 지금 만약 다 돌아간다면 〈사나운 호랑이가〉 산에 있는 형세를 반 드시 잃는 것이니, 수천 명을 1~2년간 머물도록 빌리지 않고서 난 리가 진정되기를 바라기는 불가하였기 때문이다.

선릉(宣陵)과 정릉(靖陵)을 개수(改修)하는 일로 대신(大臣)과 대장(臺長: 장령과 지평)들이 지금 바야흐로 나아가 능침(陵寢)을 보살폈는데, 조정에서 8월까지 소복(素服: 喪服)을 입으라고 하였다. 전교하기를, "소모(小帽: 작은 모자)를 쓰고 넓은 소매를 버리는 것은 일체 당제(唐制: 명나라 방식)를 따르고, 오직 변방의 수졸(戍卒)과 금군(禁軍) 등에게는 모립(毛笠)을 쓰도록 하라."라고 하였고, "평안감사(平安監司) 이원익(李元翼)은 애쓴 공이 있으니 숭정대부로 가자(加資)하고, 중화(中和)는 혈전을 벌여 왜적을 토벌하면서 한 사람도 적에게 붙은 자 없었던 충의의 고을이니 부(府)로 승격시키고, 의주(義州)는 국가 회복의 근본 지역이었으니 또한 부윤(府尹)으로 승격시켜라."라고 하였고, "지금부터 생원과 진사를 뽑을 때 무예까지 아울러 시험하여 관력(貫革)의 입격자(入格者: 합격자)를 취해야 한다."라고 하였다.

七月初十日(壬戌)。晴。在初陽洞。

坐起如前。是曉爲起看，則星變如昨。韓[37]慶興[38]免賊[39]奴李深培告目內，"去月十九日，自行朝離發，所聞則倭賊等，收其寶玉·婦女幷王子，已盡(渡海)，渡海之日，以我國被擄人萬餘，分爲七陣，列於海上，以爲疑兵之勢，蓋懼及其半濟而掩殺也。自後棄

---

37  韓(한): 朝의 오기인 듯.

38  慶興(경흥): 함경북도 북동부의 두만강 하구에 있는 고을. 동쪽은 두만강을 경계로 하여 중국 東北地方의 松江省(현재의 吉林省) 및 러시아의 沿海州, 서쪽은 종성군, 북쪽은 경원군, 남쪽은 동해에 면한다.

39  免賊(면적): 免賤의 오기.

去之人, 勢盡力屈, 進退狼狽, 焚燒列邑, 元帥權慄[40]與督捕使朴
晉[41]及李薲[42]·金應瑞[43]·兵水使等, 合三道民兵, 方議討滅云。天

---

40 權慄(권율, 1537~1599): 본관은 安東, 자는 彦愼, 호는 晩翠堂·暮嶽. 1582년
   식년문과에 급제했다. 임진왜란이 일어나 수도가 함락된 후 전라도순찰사 李洸
   과 防禦使 郭嶸이 4만여 명의 군사를 모집할 때, 광주목사로서 곽영의 휘하에
   들어가 中衛將이 되어 북진하다가 용인에서 일본군과 싸웠으나 패하였다. 그
   뒤 남원에 주둔하여 1,000여 명의 의용군을 모집, 금산군 梨峙싸움에서 왜장
   고바야카와 다카카게[小早川隆景]의 정예부대를 대파하고 전라도 순찰사로 승
   진하였다. 또 북진 중에 수원의 禿旺山城에 주둔하면서 견고한 진지를 구축하여
   持久戰과 遊擊戰을 전개하다 우키타 히데이에[宇喜多秀家]가 거느리는 대부대
   의 공격을 받았으나 이를 격퇴하였다. 1593년에는 병력을 나누어 부사령관 宣居
   怡에게 시흥 衿州山에 진을 치게 한 후 2800명의 병력을 이끌고 한강을 건너
   幸州山城에 주둔하여, 3만 명의 대군으로 공격해온 고바야카와의 일본군을 맞
   아 2만 4000여 명의 사상자를 내게 하며 격퇴하였다. 그 전공으로 도원수에 올
   랐다가 도망병을 즉결처분한 죄로 해직되었으나, 한성부판윤으로 재기용되어
   備邊司堂上을 겸직하였고, 1596년 충청도 순찰사에 이어 다시 도원수가 되었
   다. 1597년 정유재란이 일어나자 적군의 북상을 막기 위해 명나라 提督 麻貴와
   함께 울산에서 대진했으나, 명나라 사령관 楊鎬의 돌연한 퇴각령으로 철수하였
   다. 이어 順天 曳橋에 주둔한 일본군을 공격하려고 했으나, 전쟁의 확대를 꺼리
   던 명나라 장수들의 비협조로 실패하였다. 임진왜란 7년 간 군대를 총지휘한
   장군으로 바다의 이순신과 더불어 역사에 남을 전공을 세웠다. 1599년 노환으로
   관직을 사임하고 고향에 돌아갔다.

41 朴晉(박진, ?~1597): 본관은 密陽, 자는 明甫, 시호는 毅烈. 밀양 부사였을 때
   임진왜란이 일어나자 李珏과 함께 蘇山을 지키다가 패하여 성안으로 돌아왔다
   가, 적병이 밀려오자 성에 불을 지르고 후퇴했다. 이후 경상좌도 병마절도사로
   임명되어 나머지 병사를 수습하고, 군사를 나누어 소규모의 전투를 수행하여
   적세를 저지하였다. 1592년 8월 영천의 민중이 의병을 결성하고 永川城을 근거
   지로 하여 안동과 상응하고 있었던 왜적을 격파하려 하자, 별장 權應銖를 파견,
   그들을 지휘하게 하여 영천성을 탈환하였다. 이어서 안강에서 여러 장수와 회동
   하고 16개 邑의 병력을 모아 경주성을 공격하였으나 복병의 기습으로 실패하였
   다. 그러나 한 달 뒤에 군사를 재정비하고 飛擊震天雷를 사용하여 경주성을 다
   시 공략하여 많은 수의 왜적을 베고 성을 탈환하였다. 이 결과 왜적은 상주나

兵東下, 平壤死戰之後, 玩愒<sup>44</sup>留連<sup>45</sup>, 不肯爲小國報怨, 乃中國

---

서생포로 물러나지 않을 수 없었고, 영남지역 수십 개의 읍이 적의 초략을 면할 수 있었다. 1593년 督捕使로 밀양·울산 등지에서 전과를 올렸고, 1594년 2월 경상우도 병마절도사, 같은 해 10월 순천 부사, 이어서 전라도 병마절도사, 1596년 11월 황해도 병마절도사 겸 황주 목사를 지내고 뒤에 참판에 올랐다.

42  李薲(이빈, 1537~1603): 본관은 全州, 자는 聞遠. 1570년 무과에 급제, 여러 관직을 거쳐 회령부사가 되었다. 1592년 임진왜란이 일어나자, 경상좌도병마절 도사로 충주에서 申砬의 휘하에 들어가 싸웠으나 패하였다. 그 뒤 金命元의 휘 하에 들어가 임진강을 방어하다가 다시 패하고, 평안도병마절도사로 평양을 방 어하였으나 성이 함락되자 李元翼을 따라 順安에서 싸웠다. 1593년 1월에 명장 李如松이 평양을 탈환하자 군사를 이끌고 명나라 군대에 종사하였으며, 李鎰을 대신하여 巡邊使에 임명되었다. 같은 해 2월 權慄이 幸州山城에서 왜군을 크게 격파하고 坡州山城으로 옮기자, 권율과 함께 파주산성을 수비하였다. 같은 해 왜군이 진주와 구례 지방을 침략할 때 남원을 지켰다. 1594년 경상도순변사에 복직되었다.

43  金應瑞(김응서, 1564~1624): 본관은 金海, 자는 聖甫. 金景瑞로 개명하였다. 1588년 監察이 되었으나 집안이 미천한 탓으로 파직되었다가, 1592년 임진왜란 이 일어나자 다시 기용되었다. 그 해 8월 助防將으로 평양 공략에 나섰으며, 싸움에서 여러 차례 공을 세워 평안도방어사에 승진되었다. 1593년 1월 명나라 李如松의 원군과 함께 평양성 탈환에 공을 세운 뒤, 전라도병마절도사가 되어 도원수 權慄의 지시로 남원 등지에서 날뛰는 토적을 소탕하였다. 1595년 경상우 도병마절도사가 되었을 때, 선조가 임진왜란이 일어난 지 이틀 만에 동래부에서 장렬하게 전사한 宋象賢의 관을 적진에서 찾아오라고 하자 그 집 사람을 시켜 일을 성사시켰다. 또한, 李弘發을 부산에 잠입시켜 적의 정황을 살피게 하고, 일본 간첩 요시라[要時羅]를 매수해 정보를 수집하기도 하였다. 1597년 도원수 권율로부터 의령의 南山城을 수비하라는 명을 받았지만 불복해 강등되었다. 그 뒤 1603년 충청도병마절도사로 군졸을 학대하고 祿勳에 부정이 있어 파직되었 다가, 1604년 전공을 인정받아 捕盜大將兼都正이 되었다. 1609년 정주목사를 지내고, 이어 滿浦鎭僉節制使와 北路防禦使를 역임하고, 1615년 길주목사, 1616년 함경북도병마절도사, 2년 뒤에 평안도병마절도사가 되었다.

44  玩愒(완게): 玩世愒日. 안일한 일상에 빠져 세월을 허비하는 것.

45  留連(유연): 객지에 머물러 돌아가지 않음.

之長計也。及其倭寇遠遁，旋卽回軍，前月二十四日，李提督[46]自漢陽班師，宋經畧諸軍次次撤去．"云。上遣奏請使黃璡[47]者，無他，我國專仗天兵爲力，今若悉還，則必失在山之勢[48]，不可不借

---

46 李提督(이제독): 李如松(1549~1598)을 가리킴. 명나라 장수. 朝鮮 출신인 李英의 후손이며, 遼東總兵으로 遼東 방위에 큰 공을 세운 李成梁(1526~1615)의 長子이다. 임진왜란 때 防海禦倭總兵官으로서 명나라 구원군 4만 3천 명을 이끌고 동생 李如柏과 왔다. 43,000여의 明軍을 이끌고 압록강을 건넌 그는 休靜(1520~1604), 金應瑞(1564~1624) 등이 이끄는 조선의 僧軍, 官軍과 연합하여 1593년 1월 고니시 유키나가[小西行長]의 왜군을 기습해 평양성을 함락시켰다. 그리고 퇴각하는 왜군을 추격하며 평안도와 황해도, 개성 일대를 탈환했지만, 한성 부근의 碧蹄館에서 고바야카와 다카카게[小早川隆景], 다치바나 무네시게[立花宗茂] 등이 이끄는 왜군에 패하여 開城으로 퇴각하였다. 그리고 함경도에 있는 가토 기요마사[加藤淸正]의 왜군이 평양성을 공격한다는 말이 떠돌자 평양성으로 물러났다. 그 뒤에는 전투에 적극적으로 나서지 않고 화의 교섭에만 주력하다가 그해 말에 劉綎(1558~1619)의 부대만 남기고 명나라로 철군하였다.

47 黃璡(황진, 1542~1606): 본관은 昌原, 자는 景美, 호는 西潭. 진사로서 1574년 별시 문과에 급제해 주서·공조정랑 등을 역임하였다. 1592년 임진왜란 당시 의주 목사로 재직하면서, 의주로 몽진해 온 선조를 잘 모셔 그해 8월에 嘉善大夫로 승진하였다. 이듬해 의주 목사로서 명나라 원병을 접대하는 소임과 兵糧을 輸運하는 일을 잘하지 못했다는 대간의 질책을 받았으나 왕의 비호로 무사하였다. 그해 7월 공조참판에 역임 중 奏請使로서 명나라에 가서 進兵·撤兵 등을 요청하였다. 그리고 11월에는 謝恩使로서 다시 명나라에 가서 奏請하는 임무를 맡았다. 그러나 국경에서 배회하다가 鳳凰城에 이르러 임의로 사행길을 바꾸어 龍川에서 머물렀다. 그러던 중 조정의 독촉을 받고 經略地에 도착함으로써, 명나라 원병이 늦게 파병되는 실책을 범하기도 하였다. 그로 인해 잠시 문책을 받았으나 1594년 6월에 전주 부윤으로 나아갔다. 하지만 전주 수비를 감당할 만한 인물이 못 된다는 대간의 탄핵을 받고 체직되었다. 1595년 의주 부윤이 되고, 정유재란 때에는 명나라 원병의 接伴官이 되었다. 1599년 행호군으로서 사은사가 되어 명나라에 다녀왔다.

48 在山之勢(재산지세): 《漢書》 권77 〈蓋寬饒傳〉에 "산에 맹수가 있으면 명아주나 콩잎도 따러 나오지 못하고, 나라에 충신이 있으면 간사한 자들이 일어나지

留數千一二年, 以期平定也. 宣靖陵[49]修改事, 大臣·臺長, 今方
進去奉審[50], 朝廷限八月素服事云. 傳曰: "戴小帽去濶袖, 一從
唐制, 惟邊上及禁軍等, (許)着毛笠."[51] "平安監司李元翼[52], 有功
勞, 加崇政, 中和[53]血戰討賊, 無一人附賊, 忠義之鄕也, 陞號爲
府, 義州[54]中興根本之地, 亦陞爲府尹."[55] "自今生進試, (兼試)武

---

못한다.(山有猛獸, 藜藿爲之不采; 國有忠臣, 奸邪爲之不起.)"라고 한 데서 나
오는 말.

49 宣靖陵(선정릉): 왜적에 의해 宣陵(성종릉)과 靖陵(중종릉)이 파헤쳐진 사실을
   가리킴. 《宣祖實錄》 1593년 4월 13일 2번째 기사에 나온다.

50 奉審(봉심): 왕명을 받들어 왕실의 묘우나 능침을 살피고 점검하는 일.

51 《靑莊館全書》 권57 〈盎葉記 4·易服之令〉에 나옴.

52 李元翼(이원익, 1547~1634): 본관은 全州, 자는 公勵, 호는 梧里. 1592년 임진
   왜란이 발발하자 이조판서로서 평안도 순찰사의 직무를 띠고 먼저 평안도로
   향했고, 宣祖도 평양으로 파천했으나 평양마저 위태로워지자 영변으로 옮겼다.
   이때 평양 수비군이 겨우 3,000여 명으로서, 당시 총사령관 金命元의 군통솔이
   잘 안되고 군기가 문란함을 보고, 먼저 당하에 내려가 김명원을 元帥의 예로
   대해 군의 질서를 확립하였다. 평양이 함락되자 정주로 가서 군졸을 모집하고,
   관찰사 겸 순찰사가 되어 왜병 토벌에 전공을 세웠다. 1593년 정월 李如松과
   합세해 평양을 탈환한 공로로 崇政大夫에 가자되었고, 선조가 환도한 뒤에도
   평양에 남아서 군병을 관리하였다. 1595년 우의정 겸 4도체찰사로 임명되었으
   나, 주로 영남체찰사 영에서 일하였다. 이때 명나라의 丁應泰가 經理 楊鎬를
   중상모략한 사건이 발생해 조정에서 명나라에 보낼 陳奏辨誣使를 인선하자, 당
   시 영의정 류성룡에게 "내 비록 노쇠했으나 아직도 갈 수는 있다. 다만 학식이나
   언변은 기대하지 말라." 하고 자원하였다. 그러나 정응태의 방해로 소임을 완수
   하지 못하고 귀국하였다.

53 中和(중화): 평안남도 남부에 있는 고을 이름.

54 義州(의주): 평안북도 북서부에 있는 고을 이름.

55 《선조실록》 1593년 6월 15일 2번째 기사임.

藝, 貫革[56]入格者, 取之。"[57]


### 7월 11일(계해)。 맑았다가 오후에 비。 초양동에 있음。

이전처럼 근무하였다.

새벽에 흐려서 별자리의 모양 관측할 수가 없었다.

七月十一日(癸亥)。 晴午後雨。 在初陽洞。

坐起如前。 晴[58]陰, 未得測候[59]星象。


### 7월 12일(갑자)。 맑음。 초양동에 있음。

이전처럼 근무하였다.

이날 새벽에 별자리의 모양을 보니, 별빛이 처음과 같지 않은 듯하였다.

이날 새벽에 꿈에서 선친을 뵈니 완연하게 평소와 같았는데, 꿈에서 깨고 나니 서글픔이 어떠하겠는가?

七月十二日(甲子)。 晴。 在初陽洞。

坐起如前。 是曉, 見星象, 則光芒, 似不如初。 是日曉夢, 得拜

---

56 貫革(관혁): 표적. 화살 또는 총알을 발사할 때의 목표.

57 《선조실록》 1593년 6월 17일 7번째 기사임.

58 晴(청): 曉의 오기.

59 測候(측후): 天文, 氣像을 관측함.

先考, 宛然平日, 覺來感愴, 如何?

### 7월 13일(을축)。 맑음。 초양동에 있음。

이전처럼 근무하였다.

장계(狀啓)를 가지고 갔던 함윤춘(咸允春)이 강서현(江西縣: 평안도 소재)에서 돌아왔는데, 행재소가 아주 평안하다고 하였다. 나의 함사(緘辭: 서면 진술서)를 올려 아뢰자 이를 판하(判下: 허가 또는 재가)한 것에 의하면, "그만두라는 임금의 재가를 받았으니 특별히 은명(恩命)을 입었다."라고 하였다. 하늘의 해가 심히 밝은데, 성명(聖明)을 속이려는 사람은 참으로 무슨 마음에서였던가? 함윤춘이 말하기를, "서장(書狀)을 승정원(承政院)에 올린 뒤로 대전별감(大殿別監)이란 자가 불러서 묻기를, '너의 감사(監司)가 옥교(屋轎: 덮개 있는 가마) 두 채를 새로 만들어 붉은 칠을 했다던데 그러한가?'라고 하자, 제가 답하기를, '그러한 일은 절대로 없었습니다.'라고 하였다. 또 묻기를, '공론(公論)이 이미 일어났으니 속일 수 없다.'라고 하는지라, 답하기를, '비록 공론이 있을지라도 반드시 헛소문으로 전해진 것입니다. 제가 감영(監營)의 구실로서 비록 아주 사소한 것일지라도 감영에서 만들었다면 알지 못할 리가 결코 없으리니, 이 말은 명백히 거짓입니다.'라고 했습니다. 또 '감사가 멀리 산골짜기에 있었다고 하던데 그러한가?'라고 하자, 답하기를, '산사(山社: 산에 있는 面)라서 그렇기는 하지만 본부(本府)에서 멀지 않은데다, 그 사이에 민가(民家)가 하나도 없었으므로 마지못하여 임시로 지내게 된 것뿐인데, 어찌 산골짜기이겠습니까?'라고 하니, 이를 물은 자가 말하기를, '사람들의 말이 과연 거짓이었구나.' 했습니다."라고 하였다.

七月十三日(乙丑)。晴。在初陽洞。

坐起如前。狀啓陪人咸允春, 還自江西, 行在萬安。余之緘辭[60] 入啓[61], 判下[62]內, 棄爲良如教, 特蒙恩命[63]云。天日孔昭, 欺明之 人, 是誠何心? 允春曰: "呈書狀于政院後, 大殿別監[64]云者, 招問 曰: '汝之監司, 屋轎[65]二部, 新造朱漆云, 然耶?' 允春答曰: '萬無 是事矣.' 又問曰: '公論已發, 不可欺也.' 答曰: '雖有公論, 必虛 傳也. 吾是營屬, 雖小小營作, 萬無不知之理, 此言則明是誣也.' '監司, 遠在山谷云, 然耶?' 答曰: '山社則然, 而自本府不遠, 其 間則無一人家云, 故不得已就寓而已, 豈是山谷乎?' 問之者曰: '人言, 果是誣也.'云." ◇[66]

---

60 緘辭(함사): 조선 시대 관아에 직접 출두할 수 업슨 경우 서면으로 진술하는 문서.

61 入啓(입계): 임금에서 上奏하는 글월을 올리거나 또는 직접 아뢰는 일.

62 判下(판하): 判付. 신하가 上奏한 안건에 대하여 임금이 검토하여 그 가부를 재가하는 것을 말함.

63 恩命(은명): 임금이 내리는 명령. 주로 관직 임용이나 죄를 사한다는 명령을 칭할 때 사용된다.

64 大殿別監(대전별감): 조선 시대 大殿에 소속된 7품부터 9품까지의 別監으로서 御前侍衛의 구실을 하는 관리. 힘과 용맹이 뛰어나고 재산이 있는 튼실한 자를 뽑았다.

65 屋轎(옥교): 덮개가 있어 벽체와 지붕이 가려져 있는 가마.

66 "往心驛子韓守福同, 持戶曹公文來, 且傳家奴莫石之書. 其夫妻及三兒, 皆無 事, 婢乭眞亦來京云.(왕심역졸인 한수복동이 호조의 공문을 가지고 왔고, 또한

## 7월 14일(병인). 맑음. 초양동에 있음.

이전처럼 근무하였다.

七月十四日(丙寅)。晴。在初陽洞。

坐起如前。◇[67]

## 7월 15일(정묘). 맑음. 초양동에 있음.

이날은 조부의 제삿날이라 근무하지 않았다.

정평 부사(定平府使)를 다른 관원으로 차출하여 보내는 일, 이지례(李之禮)로 조방장(助防將)을 그대로 맡기는 일, 유원 첨사(柔遠僉使) 고경민(高敬民)이 올린 첩문(牒文)에 의거하여 번호(藩胡: 북쪽 변경의 오랑캐 여진족)를 논공행상하는 일, 덕산참(德山站)에 창고를 설치하는 일, 병사들을 훈련하는 사목(事目: 규정)을 준수하라는 일 등의 유지(有旨: 왕명서)와 협박에 못 이겨 따른 무리를 위로하고 타이르라는 유지를 공경히 받았다는 장계(狀啓)를 써서 올렸다.

七月十五日(丁卯)。晴。在初陽洞。

---

가노인 막석의 편지를 전했다. 그의 부처 및 셋째 아이가 모두 무사하고, 계집종 돌진 또한 경성으로 왔다고 하였다.)"

67 "是夜, 又夢見考妣, 連日有夢者, 必是祖父, 忌日在近, 故在天之靈, 亦應繫念, 而入夢也, 覺來感淚自零.(이날 밤에 또 꿈속에서 선친과 선비를 보았는데, 며칠 계속 꿈을 꾼 것은 필시 조부의 제삿날이 가까웠으므로 하늘에 있는 신령도 응당 마음에 두고 잊지 아니하여 꿈에 나타나신 것일지니, 꿈에서 깨어나자 감격의 눈물이 절로 떨어졌다.)"

是日, 以祖忌不坐。定平府使, 以他員差送事, 李之禮[68]助防將
仍定事, 柔遠[69]僉使高敬民牒呈據, 藩胡論賞事, 德山站[70]設倉事,
訓兵事目遵守事有旨, 脅從之徒慰諭事有旨, 祗受狀啓。◇[71]


## 7월 16일(무진)。 맑음。 초양동에 있음。

이날 정랑(正郎) 서성(徐渻) 씨의 아들 서경우(徐景雨)가 찾아와서
만났다。 정랑이 변고를 만난 연유를 물으니 처음에는 조관(朝官: 조
정의 관료)이었던 이유로 포로가 되었으나 나중에는 역관(譯官) 함정
호(咸廷虎)의 도움으로 벗어났다고 하였다。 정랑은 일찍이 호송관
(護送官)이었을 때 함정호 역관이 통사(通事: 통역관)로서 따라갔는
데, 이 사람은 바로 여유길(呂裕吉)의 일족이었던 까닭에 그의 청탁
으로 인하여 구제해준 것이나, 함정호는 그 덕을 잊지 못하고 늘
그의 집을 왕래하였다。 그런데 변란 초에 왜통사(倭通事)가 되어 북
도(北道)에 들어와서 자못 권세를 부리고 있었는데, 정랑을 보고서
반가워하는 기색이 많더니 왜적에게 말하기를, "이 사람은 조정의

---

68 李之禮(이지례, ?~1592): 본관은 丹陽, 자는 漫兮。 아버지는 李文虎이고, 李之
   詩의 아우이다。 1592년 임진왜란이 일어나자 함경도 길주 목사로 평양에서 李元
   翼을 따라 종군하였다。

69 柔遠(유원): 함경북도 두만강변의 온성군 柔遠鎭。

70 德山站(덕산참): 조선 시대 함경남도 함흥에 있던 德山驛。 덕산역과 그 주변
   지역이 德山社로 편성되었다。 남쪽으로는 함흥·정평 방면, 북쪽으로는 홍원·
   북청 방면과 연결되는 한양~경흥 간 간선 교통로상에 있었다。

71 "營奴韓希寶陪去。(감영의 사내종 한희보가 가지고 갔다。)"

선비가 아니고 곧 고향 사람이다."라고 하여 이윽고 풀어 보내 주었
으니 참으로 다행이라고 하였다. 그가 이미 왜적에게 투항했으니
곧 왜적이었으나 도리어 옛 은혜를 기억하였으니, 이것은 아주 천
리(天理)가 없어지지 않은 것이다.

천조(天朝: 명나라 조정)에 바치는 방물(方物: 토산물)로 수달피(水獺
皮) 36령(令)을 봉하여 올리는 일을 써서 장계(狀啓)를 올렸다.

七月十六日(戊辰)。晴。在初陽洞。

是日, ◇[72] 徐正郞渻[73]氏胤子, 景雨[74]來見。◇[75] 問正郞逢變之

---

72　"行祭, 後坐起。巳時.(제사를 지낸 후에 근무하였다. 사시에.)"

73　徐正郞渻(서정랑성): 正郞 徐渻(1558~1631). 본관은 達城, 자는 玄紀, 호는
　　藥峯. 1586년 알성 문과에 급제하고 兵曹佐郞을 거쳐 1592년 임진왜란이 일어나
　　자 왕을 扈從, 號召使 黃廷彧의 從事官으로 咸北에 이르러 황정욱 등이 두 왕자
　　와 함께 적의 포로가 될 때 홀로 탈출했다. 왕의 명령으로 行在所에 이르러 兵曹正
　　郞·直講이 되고, 明將 劉挺을 접대했다. 그 후 암행어사로서 三南을 순찰, 돌아
　　와 濟用監正에 특진되고 경상도·강원도·함경도·평안도·경기도의 관찰사를 역
　　임, 후에 호조·형조·공조의 판서와 判中樞府事를 지냈다. 1613년 癸丑獄事에
　　연루되어 11년간 유배되었다가 1623년 인조반정으로 형조와 병조의 판서가 되었
　　고, 1624년 李适의 난과 1627년의 정묘호란에 각각 인조를 호종했다.

74　景雨(경우): 徐景雨(1573~1645). 본관은 達城, 자는 施伯, 호는 晩沙. 아버지
　　는 判中樞府事 徐渻이며, 어머니는 礪山宋氏로 宋寧의 딸이다. 1612년 定州牧
　　使가 되었으나 다음 해 宣祖의 遺教를 받은 신하들이 배척될 때 아버지가 유배
　　당하자 벼슬을 버리고 10년간 은거하였다. 1623년 인조반정으로 다시 기용되어
　　1625년 예조참의·승지 등을 지냈다. 이듬해 대사간이 되고 1627년의 정묘호란
　　때는 강화도로 왕을 호종하였고, 1630년 좌승지를 거쳐 다시 대사간·대사헌·
　　경기감사·대사성·도승지 등을 역임하였다. 1643년 형조판서로서 聖節兼進賀
　　使가 되어 청나라에 다녀왔다. 이듬해 우의정에 승진하였다.

75　"問其母病, 則上年七月遭賊變, 十一月解産, 今年二月聞父母被害, 今所患
　　則, 瘧疾云.(그의 어머니 병세를 물으니, 작년 7월에 왜적의 변란을 만났고 11월

由, 初以朝官之故被擄, 而終以譯官咸廷虎之力得脫矣。正郎曾
爲護送官, 咸譯以通事隨往, 此乃呂裕吉[76]之族, 故因其稱念[77]施
恤, 則咸也未忘其德, 常往來于家。而變初, 爲倭通事入來頗用事,
見正郎, 多有蘇喜之色, 言于倭賊曰:"此非朝士也, 乃鄕人也。"因
以解送, 極爲多幸云。渠旣投賊, 則乃是賊也, 而猶記舊恩, 此天理
未泯滅處也。天朝方物[78], 水獺皮三十六令, 封進事狀啓。◇[79]


## 7월 17일(기사)。

이전처럼 근무하였다.

이날 새벽에 일찍 일어나 하늘을 쳐다보니 혜성(彗星)은 이미 사
라져버려서 필시 왜적이 퇴각해 갈 조짐으로 이전에 한 말이 맞은
것이다.

---

에 해산하였으며 올해 2월에 부모가 해를 입었다는 소식을 들었는데, 지금 앓고
있는 병은 학질이라고 하였다.)"

76 呂裕吉(여유길, 1558~1619): 본관은 咸陽, 자는 德夫, 호는 春江. 1580년 알성
시 문과에 급제하였다. 戶曹正郎 등을 지냈다. 1599년 公州 목사, 1601년 掌令,
이듬해 司藝에서 楊州 목사로 나가 세금을 지나치게 거둬들여 파직되었다.
1604년 복관되고 軍器寺正으로 춘추관 편수관이 되어, 임진왜란 때 소실된 實
錄 再刊에 참여하였다. 1607년 司饔院正·봉상시정을 역임하다가, 이듬해 선조
의 國葬都監 都廳이 되었다. 1610년 冬至使로 청나라에 다녀와서 한성부 右尹
에 승진, 1612년 副摠管이 되었다.

77 稱念(칭념): 어떤 일을 입에 올려 말하여 잊지 말고 잘 생각하여 달라고 부탁함.

78 方物(방물): 조선 시대에 명나라에 보낸 토산물.

79 "品官李秀吉·府奴德守陪去.(품관 이수길·부의 사내종 덕수가 가지고 갔다.)"

七月十七日 (己巳)。

坐起如前。是曉, 早起仰看, 則彗已息滅, 必是賊去之象, 而前
言驗矣。◇[80]

---

80 "(7월 18일) 書吏金元還, 歷漣川其妻子在處, 將向行朝云, 付金連了書。韓萬
戶承咸, 以軍器摘奸事, 向六道。午時, 北兵使送軍官問安, 武人主簿崔慶雲
也。卽日還去, 而傳元㙫之言曰: '鏡城之穀, 則已爲發船, 今到明川.'云, 可
喜。達乙勿等還自安岳, 李生員父子皆無事。見其書, 則多致謝意, 救窘不腆,
而適及極艱之時, 故感其情也。李驪牧家尤窘云, 極可憐也, 路遠救之無力,
空懷奈何? 是日, 令炮手尹彦邦, 敎府炮手放炮數柄, 皆能放。火藥亦不着霝,
軍器色裨將, 可謂善藏。若藏之濕地, 則其能如是耶? 此專賴此地有溫堗, 可
以點火之處, 故經霝而藥氣不衰如是, 而以不入府城, 爲咎者, 是何心耶?(서
리 김원이 돌아왔는데, 연천에 그의 처자식이 있는 곳을 들렀다가 장차 행재소로
향해 간다고 하여 김연에게 쓴 편지를 부쳤다. 만호 한승함은 병장기의 부정이
있는지를 캐어 살피기 위하여 육도로 향하였다. 오시에 북병사가 군관을 보내어
문안하였으니, 무인 주부 최경운이었다. 그날로 되돌아갔는데, 원지의 말을 전
하기를, '경성의 곡식을 실은 배가 이미 떠났으니 오늘이면 명천에 도착할 것이
다.'라고 하니 기뻤다. 달을물 등이 안악에서 돌아왔는데, 이 생원의 부자가 모두
무사하다고 하였다. 그의 편지를 보니 매우 감사하다고 했는데, 궁색한 도움이
라서 변변찮았겠으나 마침 지극히 어려운 때를 만났으므로 그 정에 감격한 것이
다. 이여목의 집은 더욱 군색하다고 하여 지극히 가련하였으나, 길이 멀어서 구
할 만한 힘이 없으니 속절없이 생각한들 어찌하겠는가? 이날 포수 윤언방이 府
의 포수에게 대포 몇 대 쏘는 법을 가르치게 했더니, 모두 잘 쏘았다. 화약 또한
흙비를 맞지 않았으니, 군기색 비장이 잘 갈무리했다고 할 만하였다. 만약 습한
곳에 갈무리했더라면, 군기들이 이와 같았겠는가? 이는 오로지 이곳의 온돌이
있는 것에 의지해 불을 땔 수가 있었으므로 우기를 지냈어도 화약의 위력이 쇠하
지 않고 이와 같았거늘, 부의 성에는 들어가지도 않은 채로 허물을 삼아 탓하는
자는 이 무슨 마음인가?)"

## 7월 19일(신미). 맑았다가 간밤에 비 오고 큰 벼락 침. 초양동에 있음. 【협주: 이상 1일간의 기록이 없음】

이전처럼 근무하였다.

미시(未時: 낮 2시 전후)에 영속청(營屬廳)에서 불이 났으나, 문서는 꺼냈다고 하였다.

주인집이 집 앞의 밭에서 기장을 거두어 돌아갔는데, 이 기장 벼는 바로 내가 이곳에 와서 우거(寓居)한 뒤로 씨를 뿌린 것이었다. 이 밭은 근무하는 청사(廳事: 관아)의 앞에 있었으므로 묵어가는 곳 또한 많았고, 굶주린 백성 및 송사를 벌인 사람 등이 짓밟은 곳도 많아서, 내가 몹시 그들을 미워하여 간혹 끌어 내칠 때면 완악한 백성들이 철저히 다스리는 것에 분통을 터트리며 말하기를, "이것이 사상(使相: 순찰사)의 개인 밭이란 말입니까?"라고 하였다니 안타깝다.

七月十九日(辛未)。晴去夜雨大雷電。【巳上一日無錄】。在初陽洞。

坐起如前。未時, 營屬廳失火, 文書則及出云。主家收前田黍禾而歸, 此禾乃余來寓此處, 後所種。◇[81] 此田, 在坐起廳事之前, 故致陳處亦多, 飢民及訟者等, 多有踐踏者, 余甚惡之, 或有曳黜之時, 其頑民等, 憤其深治, 乃曰: "此是使相私田耶?", 可痛。"◇[82]

---

81 "其久可知。(오래되었음을 알 수 있다.)"

82 "隣人朴希孝, 獵饋川魚一器, 以麤布一丁爲回禮。座首朱應麟, 聞妻父之訃,

## 7월 20일(임신). 맑음. 초양동에 있음.

이전처럼 근무하였다.

장계(狀啓)를 가지고 갔던 김응란(金應蘭)이 강서현(江西縣: 평안도 소재)에서 돌아와 행재소가 아주 평안하다고 하였다. 조보(朝報)를 보니 7월 5일 계하(啓下: 결재)한 형조판서 이덕형(李德馨)의 장계에 의하면, "이 제독(李提督: 이여송)을 위한 연향(宴享: 잔치)이 정릉동(貞陵洞)에 있는 양원도정(陽原都正: 이혜)의 집에서 간략히 베풀어졌는데 남악(男樂)이 쓰였습니다."라고 하였다.

같은 장계에 의하면, "유숭정(劉崇正)의 품첩(稟帖: 청원서)을 보건대 왜적이 또 합천(陜川)·삼가(三嘉) 등지에 도착하여 가옥을 불태우는 등 그 기세가 극히 치성하였는데도 심 유격(沈游擊: 심유경)이 왜장을 데리고서 서로(西路: 평안도)로 가겠다고 요청하니 그 심정을 헤아리기가 어려우며, 심 유격의 가인(家人) 왕자영(王子英)이 오늘 아침에 들어와서 신(臣: 이덕형)이 그와 함께 조용히 이야기를 나누어 보건대 데려온 왜장은 북경(北京)으로 향하고 왕자영은 천사(天使: 명나라 사신)가 돌아오기를 기다렸다가 함께 올라올 것이라고 하니 그들의 흉측한 모의가 있는 바가 더욱 깊고 치밀함에 두려운데다

---

以會哭辭 以布丁·紙束賻之. 朱是終年出陣, 凡百措置, 皆此人掌之, 公家有功人 故厚遇之耳.(이웃 사람 박희효가 민물고기를 잡아 한 그릇을 보내왔는데, 거친 베 1필을 사례의 뜻으로 보냈다. 좌수 주응린이 장인의 부음을 듣고 會哭하러 간다며 인사하였는데, 포목과 종이 다발을 부조하였다. 주응린은 일년내내 전투하러 전쟁터로 나아갔는데, 온갖 조치가 모두 이 사람이 관장하여 관청에 공을 세운 사람이었으므로 후하게 대우한 것이었다.)"

마음이 아프고 기가 막혀 아뢸 바를 모르겠습니다."라고 하였다.

같은 장계에 의하면, "당일 진시(辰時: 아침 8시 전후)에 낙 참장(駱
參將: 駱尙志)의 품첩(稟帖: 청원서)이 들어와서, 총병(總兵) 사대수(査
大受)·도독(都督) 이평호(李平胡)·유격(遊擊) 고승(高昇)이 군사 5천
여 명을 거느리고 진주를 향해 출발한다고 하였고, 심 유격(沈遊擊:
심유경)이 왜장을 데리고 만약 한강을 건너게 된다면 반드시 크게
난처한 일이 생길 것이니, 신(臣: 이덕형)이 즉시 글을 지어 제독(提
督: 이여송)에게 극구 아뢰었습니다."라고 하였다.

같은 장계에 의하면, "심 유격이 왜적을 데리고 돌아오면 초야에
해골이 널려 있고 인적이라고는 없이 천 리가 텅 빈 상황과 명나라
의 장사와 말이 지치고 게으른 모양을 보게 될 것이니 돌아가서는
반드시 더욱 흉악한 꾀를 부릴 뿐만이 아니라, 저 왜적이 우리가
따르기 어려운 일과 헤아릴 수 없는 말로써 우리의 속마음을 시험하
고자 하여 고의로 시일을 끈다면 우리나라의 형세는 이미 버티기가
어렵게 되고 천병(天兵: 명나라 군대)도 군량이 떨어져 자연히 철수하
기에 이를 것이니, 일마다 몹시 절박하여 어떻게 처리해야 좋을지
를 모르겠습니다."라고 하였다.

비변사(備邊司)가 올린 계사(啓辭)에 의하면, "천장(天將: 명나라 장
수)이 6일에 영파부(寧波府)에서 왜장이 상국(上國: 명나라)에 도달할
수 있도록 허락하였는데 우리나라를 지나간다는 말이 있지 않으니,
이런 사유를 갖추어 우상(右相) 유홍(兪泓) 및 윤근수(尹根壽)에게 문
서를 보내고 임기응변으로 충분히 경략과 힘써 논쟁하여 한강을 건
너지 못하도록 처리하면 어떠하겠습니까?"라고 하였다.

비망기(備忘記)에 이르기를, "이덕형(李德馨)의 이 서장(書狀)을 보니, 우리나라뿐 아니라 천하의 일도 반드시 이놈【협주: 심 유격을 가리킴】때문에 무너질 것인데, 이러한 때에 이런 인간을 낸 것도 하늘의 뜻이니 어찌하겠는가? 우리나라의 임금과 신하들은 마땅히 죽기를 각오하고 간쟁(諫爭)해야 하며, 간쟁하여도 되지 않으면 차라리 그 왜적을 잡아 가둘지언정 우리의 지경을 지나가게 해서는 안 되니, 경(卿)들은 서둘러 도모하라."라고 하였다.

비변사(備邊司)가 올린 계사(啓辭)에 의하면, "이덕형도 이미 이를 염려하고 있을 것이니 반드시 힘써 간쟁(諫爭)할 것이나, 혹여 주상의 뜻과 조정의 의론을 알지 못해서 충분히 그 힘을 다하지 않으면 관계되는 바가 가볍지 않습니다. 먼저 전교(傳敎)의 뜻과 본사(本司: 비변사)의 전후 계사(啓辭)를 가지고 선전관(宣傳官) 1명을 당일 내에 파발마로 달려 보내어 그로 하여금 죽기를 각오하고 간쟁하도록 해야 합니다. 설혹 한강을 건너려고 하더라도 만약 경략(經略: 송응창)이 단호한 말로 거절하면, 유격(遊擊: 심유경)이 필시 감히 당돌하게 데려오지 않을 것이고 주선하는 일이 있을 것입니다. 또한 국가의 대사(大事)이니 특별히 병조판서 이항복(李恒福)을 경략에게 보내어 서둘러 주선하는 것이 어떠하겠습니까?"라고 하였다.

7월 3일 비망기(備忘記)에 이르기를, "심유경은 적과 음모를 꾸민 괘씸한 간인(奸人)이다. 천하의 일을 망치려는 일인데도 경략(經略) 이하 모두가 그자의 술수에 빠져들고 있다. 내가 팔을 걷어붙여도 분함을 견딜 수 없어 한밤중에 벌떡 일어나서 손수 심유경을 참하고자 하였으나 할 수가 없었다. 왜적이 대사를 망친 내용 및 왜적이

한편으로는 거짓 항복하는 척하며 조공(朝貢)을 바치겠다고 하면서
한편으로는 자기 무리를 다 동원하여 함안(咸安) 등지를 함락하고서
호남까지 죄다 도륙하고자 하니, 우리나라의 멸망이 머지않았다는
등의 실정을 급히 달려가서 주문(奏聞)하게 하는 것이 어떠하겠느
냐?"라고 하였다.

7월 10일 평안감사(平安監司) 서장(書狀)에 의하면, "당일의 파발
이 경성(京城)에서 9일에 출발해 말 달려 지나갔다 하여 알아보니,
당초 심 유격(沈遊擊)이 6월 14일 사이에 왜장 1명과 왜노(倭奴) 30
여 명과 함께 우리나라 배신(陪臣) 3명을 또 데리고 나오려던 차,
왜장 청정(淸正: 가등청정)이 심 유격을 부산(釜山)에서 며칠 거리가
떨어진 곳까지 뒤쫓아 와 겉으로는 전송하는 예를 행하였는데, 심
유격이 청정에게 말하기를, '이미 천조(天朝: 명나라 조정)에 강화를
청하였거늘 어찌 또 조선 땅을 빼앗으려 한단 말인가? 나와 함께
서쪽으로 가도록 파견할 필요가 없소. 지금 당장 관백(關伯: 풍신수
길)이 있는 곳으로 되돌아가서 다시 의논하여 처리하겠소.'라고 하
자, 청정이 답하기를, '지난해 진주 병마(晉州兵馬) 및 전라 승병(全
羅僧兵)이 아군을 많이 죽였으므로 지금 진주로 향하고 또 전라도로
향하여 한 번에 섬멸해 원수를 갚으려는 것이오. 바야흐로 바다를
건널 수 있지만, 강화 논의가 때마침 마치지 못했고 나 또한 길이
막혀 있어서 우리는 다시 감히 손을 쓸 수가 없소.'라고 하면서 청정
이 즉시 되돌아갔고, 심 유격 또한 떠나왔다고 합니다.

이달 7일 밤중이 되어서야 비로소 경성(京城)에 도착하였고, 8일
심 유격이 왜장과 함께 도독(都督: 이여송)을 만났는데, 왜장이 가지

고 온 문서에 천조(天朝: 명나라 조정)를 겁박하는 말이 많았고, 또 이 길로 공물(貢物)을 바치고자 하여 제독(提督)·송 경략(宋經略: 송응창) 앞으로 보내는 예물건(禮物件)과 천조(天朝) 또한 공물(貢物)로 바치는 의물(儀物)이 있었으나, 경략의 분부로 왜장이 서쪽으로 오지 못하도록 하였으므로 이러한 사정을 경략에게 아뢰고 왜장은 우선 경성에 머물러 있을 것이라고 하였습니다. 제독이 왜장에게 이르기를, '너희들의 병사가 아직 해구(海口)에 주둔하고 있으니 이것은 무슨 뜻인가?'라고 하니, 왜장이 답하기를, '천병(天兵: 명나라 군대)이 철수하지 않아서 일본 군대도 감히 철수하지 않은 것이니, 천병이 먼저 철수하면 자연스레 철수할 것이오.'라고 하자, 제독이 그에게 말하기를, '너희들의 병사가 먼저 바다를 건너면 천병도 철수할 것이거늘, 곧 천병을 먼저 철수하게 해놓고 너희들의 군대가 조선을 침략하려는 것인가? 그러한 이치는 없다. 너희들이 건너가지 않겠다면 건너가지 않아도 좋다만, 여름과 가을에는 장마로 인하여 교전하기가 좋지 않았으나 날씨가 추워지고 땅이 얼기를 기다려서는 한바탕 말을 내달려 너희들을 죄다 죽일 수 있을 것이다.'라고 하니, 왜장이 답하기를, '마땅히 부하 1명을 차출하고 유격(遊擊)의 가정(家丁) 1명을 따라가도록 하여 해구(海口)에 되돌아가서 청정(淸正: 가등청정)에게 처치하라고 이야기하겠소.'라고 하였습니다. 이 두 사람은 9일에 출발하여 남쪽으로 갔다고 하거니와 문서는 지금 경략의 아문(衙門)에 도착했습니다. 저곳은 반드시 확실한 보고가 있겠으나, 이곳은 구전된 언사(言事)입니다.

　최 첨지(崔僉知)가 과연 천병(天兵: 명나라 군대)의 향도(嚮導)로서 장차 영남(嶺南)에 간다고 하는데, 향도의 직임이란 것이 이가 쑤시는 것처럼 괴롭지 않겠는가? 필시 조정에서 길을 터주려는 뜻일 것이다.

七月二十日(壬申)。晴。在初陽洞。

坐起如前。◇[83] 狀啓陪人金應蘭, 回自江西縣, 行在萬安。(見)朝報, 則七月初五日啓下[84], 刑曹判書李德馨[85]狀啓內, "李提督宴享[86], 畧設於貞陵洞[87]陽原都正[88]家, 用男樂[89]。"云。同狀內, "卽見

---

83 "洪原金厚世兄弟來謁, 金繼命爲縣官云。府官造送新纛, 神寺仇非假將宋賢還, 問其城池, 則霖時雖有破毀處 而已盡修築云。(홍원의 김후세 형제가 찾아와 만났는데, 김계명이 현관이 되었다고 하였다. 부의 관원이 새로 대장기를 만들어 보냈으며, 신사구비의 임시장수 송현이 돌아와서 그 성지의 현황을 물으니 장마 때 비록 파손된 곳이 있었을지라도 이미 죄다 수리했다고 하였다.)"

84 啓下(계하): 임금에게 올려진 啓聞에 대한 임금의 답이나 의견으로 내려진 것. 임금은 계문을 보고 啓字印을 찍어 親覽과 決裁를 마친 것을 표시하였다.

85 李德馨(이덕형, 1561~1613): 본관은 廣州, 자는 明甫, 호는 雙松·抱雍散人·漢陰. 1592년 임진왜란 때 북상 중인 왜장 고니시[小西行長]가 충주에서 만날 것을 요청하자, 이를 받아들여 單騎로 적진으로 향했으나 목적을 이루지 못하였다. 왕이 평양에 당도했을 때 왜적이 벌써 대동강에 이르러 화의를 요청하자, 단독으로 겐소와 회담하고 대의로써 그들의 침략을 공박했다 한다. 그 뒤 정주까지 왕을 호종했고, 請援使로 명나라에 파견되어 파병을 성취하였다. 돌아와 대사헌이 되어 명군을 맞이했으며, 이어 한성판윤으로 명장 李如松의 接伴官이 되어 전란 중 줄곧 같이 행동하였다. 1593년 병조판서, 이듬해 이조판서로 훈련도감 당상을 겸하였다. 1595년 경기·황해·평안·함경 4도체찰 부사가 되었으며, 1597년 정유재란이 일어나자 명나라 어사 楊鎬를 설복해 서울의 방어를 강화하였다. 그리고 스스로 명군과 울산까지 동행, 그들을 慰撫하였다. 그해 우의정에 승진하고 이어 좌의정에 올라 훈련도감 도제조를 겸하였다. 이어 명나라 제독 劉綎과 함께 순천에 이르러 통제사 李舜臣과 함께 적장 고니시의 군사를 대파하였다.

86 宴享(연향): 조선 시대 궁중잔치의 총칭. 연향 때마다 掌樂院은 당악과 향악의

劉崇正稟帖, 倭賊又到陝川[90]·三嘉[91]等地, 焚燒房室, 其勢極熾, 沈游擊[92]帶倭將, 要向西路, 厥情叵測, 沈之家人王子英, 今朝入來, 臣與之從容講話, 則帶來倭將叚, 向北京, 而王子則待天使回來, 一時上來云, 兇謀所在, 恐益深密, 痛心塞氣, 不知所達."◇[93]

---

宴禮樂을 연주했을 뿐 아니라, 呈才의 반주음악을 제공하였다.

87 貞陵洞(정릉동): 서울특별시 성북구에 있는 동.

88 陽原都正(양원도정): 李譓(1538~1591)를 가리킴. 본관은 全州, 자는 達之. 품계는 명선대부. 월산대군의 후손이다.

89 男樂(남악): 궁중에서 舞童으로 행하던 정재. 처음에는 외빈을 위한 잔치에만 쓰이다가, 세종 때 궁중의 雅樂과 俗樂 모두에 이용되었다.

90 陝川(합천): 경상남도 서북부의 산간 내륙 지대에 있는 고을. 동쪽으로 낙동강을 경계로 창녕군, 남동쪽으로 의령군, 북쪽으로 경상북도 성주군·고령군, 남서쪽으로 산청군, 서쪽으로 거창군에 접한다.

91 三嘉(삼가): 경상남도 합천군 삼가면 지역에 있는 고을. 동쪽은 의령군 대의면, 북동쪽은 쌍백면, 북서쪽은 가회면, 서쪽은 산청군 생비량면과 접한다.

92 沈游擊(심유격): 沈惟敬을 가리킴. 1592년 임진왜란 때 祖承訓이 이끄는 명나라 군대를 따라 조선에 들어온 명나라 장수. 평양성 전투에서 명나라군이 일본군에게 대패하자 일본과의 화평을 꾀하는 데 역할을 하였고, 1596년 일본에 건너가 도요토미 히데요시를 만나 협상을 진행하였으나 매국노로 몰려 처형되었다.

93 "欽差遊擊府沈票帖, 爲軍務事, '本府的于本月二十日卯時分, 釜山浦騎馬, 回至王京·平壤·安州等地方, 仰大明擺撥軍兵, 幷朝鮮將領人等, 知悉遇逐站道, 預撤馬人夫, 遵依牌事例, 照常接替. 此係經略宋爺·提督李老爺, 調回本府, 面議軍務, 最爲喫緊事理, 毋得臨機誤事, 定行參究, 治以軍法不貸.' 須至牌者. 計開, 一帶, 日本將一員小西飛彈守, 隨從日本人久大夫等三十二名, 一帶, 朝鮮陪臣一員黃廷彧, 幷家眷五口 一本府跟隨人役二十名, 馬匹人夫數目別開外, 坐馬四匹, 騎馬五十五匹, 馱馬五十匹, 杠夫四十名, 六月十九日, 遣自釜山, 由梁山·密陽·尙州·忠州·王京·平壤·安州.(흠차유격부 심유경의 표첩으로 군무에 관한 일이었는데, '본부가 이달 20일 묘시 경에 부산포에서 말을 타고 왕경·평양·안주 등 지역으로 돌아오게 되었으니, 대명의 파발군병과 아울러 조선의 장령들은 마중 나와 站道마다 미리 말과 마부를 준비해

同狀內[94], "當日辰時, 駱參將[95]稟帖入來, 食後查摠兵大受·李都督平湖·高游擊昇, 領軍五千餘名, 發向晉州[96]【爲白有在果[97]】, 沈游擊帶倭將, 若渡漢江, 則必大有難處之事, 臣卽擬措辭, 極陳於提督前."云. 同狀內[98], "沈游擊帶賊回來, 見其草莽骸骨, 千里空虛之狀, 天將士馬疲憊懈怠之形, 則其歸, 必益逞其兇謀【桀不喩】, 彼賊, 若以難從事, 不可測之言, 試我淺深, 姑爲留連時日, 我國之勢, 已難支持, 天兵糧盡, 自至撤還, 種種痛迫, 不知所處."云. 備邊司啓辭, "天將初六日許其自寧波府[99], 達上國, 未有

---

놓아야 한다는 것을 죄다 알 터라 패의 사례에 의거하여 상례를 살펴 교대로 접대하기를 바란다. 이는 경략 송 노야와 제독 이 노야가 본부를 소환하여 군무를 직접 의논하려 한 것으로 가장 긴요한 사리이니, 기회를 맞아 일을 그르치지 않도록 철저히 조사하고 군법으로 다스려서 용서하지 말라.'라고 하면서 패문을 보내왔습니다. 계획을 열어보니 그 내역의 한 면에는 일본 장수 1명 소서비탄수, 수행하는 일본인 구대부 등 32명, 다른 한 면에는 조선 배신 1명 황정욱, 가권 5식구, 본부에서 따르는 인역 20명, 말과 마부의 수는 별도로 내역을 정하는 외에 좌마 4필, 기마 55필, 태마 50필, 강부 40명을 6월 19일 부산에서 파견하여 양산·밀양·상주·충주·왕경·평양·안주를 경유하라는 것이었습니다."라고 하였다. 이 내용은 《象村稿》권37 〈應製錄·咨奏·咨宋經略〉에도 나온다.

94 《宣祖實錄》1593년 7월 5일 3번째 기사임.

95 駱參將(낙참장): 駱尙志를 가리킴. 1592년 12월 左參將으로 보병 3천 명을 이끌고 참전한 명나라 장수. 힘이 월등하여 1천 근의 무게를 들었으므로 駱千斤으로 불렸다. 평양 전투에서 앞장서 성벽에 올라 승리에 큰 기여를 하였다.

96 晉州(진주): 경상남도 남서부에 있는 고을. 동쪽은 함안군·창원시, 서쪽은 하동군, 남쪽은 사천시·고성군, 북쪽은 산청군·의령군에 접한다.

97 爲白有在果(위백유재과): 이두 표기. ~하였삽거니와.

98 《宣祖實錄》1593년 7월 5일 3번째 기사임.

99 寧波府(영파부): 중국 浙江省의 해변에 있는 府.

經過我國之言, 備此由, 行移于右相兪泓[100]及尹根壽[101]處, 臨機, 百分力爭于經畧, 處俾勿渡漢, 何如?"備忘記曰[102]: "觀此李德馨書狀, 非徒我國, 天下事必因此漢【指沈游擊】而壞, 此時生此人, 天也如何? 我國君臣, 當以死爭之, 不得則寧囚禁其倭, 不可過去, 卿等其速圖之."備邊司啓辭[103], "德馨已慮及此, 必將力爭, 或未知上意及朝廷之議, 萬分未盡其力, 所係非輕。先將傳敎之意及司前後啓辭, 宣傳官一人, 當日內, 發馬[104]馳送, 使之抵死爭

---

100 兪泓(유홍, 1524~1594): 본관은 杞溪, 자는 止叔, 호는 松塘. 1587년 명나라에 사신으로 가서 이성계가 고려의 권신 李仁任의 아들로 잘못된 것을 바로잡았으며, 1589년 좌찬성으로서 판의금부사를 겸해 鄭汝立의 逆獄을 다스렸다. 이러한 공으로 1590년 宗系辨誣 1등, 討逆 2등에 策動되어, 平難功臣 호를 하사받고 輔國崇祿大夫·杞城府院君에 봉해졌으며, 이조판서·우의정에 올랐다. 1592년 임진왜란 때 선조를 호종했고, 평양에서 세자(뒤의 광해군)와 함께 종묘사직의 신위를 모시고 동북방면으로 가 도체찰사를 겸임하였다. 그리고 伊川에서 격문을 여러 도로 보내 각 도의 의병들을 격려, 지휘해 방어태세를 갖추었다. 이듬해 왜적이 서울에서 물러나자, 먼저 서울에 들어와서 불탄 도성을 정리하고 전재민을 구호하는 데 힘을 기울였다. 1594년 좌의정으로서 해주에 있는 왕비를 호종하다가 객사하였다.

101 尹根壽(윤근수, 1537~1616): 본관은 海平, 자는 子固, 호는 月汀. 1558년 별시 문과에 급제해 여러 관직을 거쳐 1572년 동부승지를 거쳐 대사성에 승진하였다. 그 뒤 경상도감사·부제학·개경 유수·공조참판 등을 거쳐 1589년 聖節使로 명나라에 파견되었으며, 1591년 우찬성으로 鄭澈이 建儲(세자 책봉) 문제로 화를 입자, 윤근수가 정철에게 당부했다는 대간의 탄핵으로 형 윤두수와 함께 삭탈관직 되었다. 1592년 임진왜란이 일어나자 예조판서로 다시 기용되었으며, 問安使·遠接使·주청사 등으로 여러 차례 명나라에 파견되었고, 국난 극복에 노력하였다.

102《宣祖實錄》1593년 7월 5일 5번째 기사임.

103《宣祖實錄》1593년 7월 5일 5번째 기사임.

104 發馬(발마): 撥馬의 오기.

之。設或漢渡, 若經畧嚴辭拒之, 游擊必不敢唐突率來, 而有周旋之事矣。且此國家大事, 特送兵判李恒福[105], 于經畧處, 汲汲周旋何如?" 七月初三日, 備忘記曰[106]: "沈惟敬與賊同謀, 不測奸人也。破壞天下事, 經畧以下, 皆陷其術中。余不勝扼腕憤憤, 中夜起立, 欲手斬惟敬而不得。倭賊沮敗大事之狀及倭賊一邊詐降乞貢, 一邊悉其醜類, 轉陷咸安[107]等處, 必欲屠盡湖南, 小邦亡在不日等情, 星夜馳進, 奏聞何如?" 七月初十日, 平安監司書狀, "當日擺撥, 自京城, 初九日起身, 馳過【爲白去乙[108]】, 探問【爲白乎

---

105 李恒福(이항복, 1556~1618): 본관은 慶州, 자는 子常, 호는 白沙·弼雲·東岡. 1592년 임진왜란이 일어나자 도승지로서 왕비를 개성까지 무사히 호위하고, 또 왕자를 평양으로, 선조를 의주까지 호종하였다. 그동안 이조참판으로 오성군에 봉해졌고, 이어 형조판서로 오위도총부 도총관을 겸하였다. 이 동안 이덕형과 함께 명나라에 원병을 청할 것을 건의했고 尹承勳을 해로로 호남지방에 보내 근왕병을 일으켰다. 宣祖가 의주에 머무르면서 명나라에 구원병을 요청하자, 명나라에서는 조선이 왜병을 끌어들여 명나라를 침공하려 한다며 병부상서 石星이 黃應陽을 조사차 보냈다. 이에 그가 일본이 보내온 문서를 내보여 의혹이 풀려 마침내 구원병이 파견되었다. 그리하여 만주 주둔군 祖承訓·史儒의 3,000 병력이 왔으나 패전하자, 다시 중국에 사신을 보내 대병력으로 구원해줄 것을 청하자고 건의하였다. 그리하여 李如松의 대병력이 들어와 평양을 탈환하고, 이어 서울을 탈환, 환도하였다. 다음 해 선조가 세자를 남쪽에 보내 分朝를 설치해 경상도와 전라도의 군무를 맡아보게 했을 때 大司馬로서 세자를 받들어 보필하였다. 1594년 봄 전라도에서 宋儒眞의 반란이 일어나자 여러 관료가 세자와 함께 환도를 주장하였다. 그러나 그는 반란군 진압에 도움이 되지 못한다고 상소해 이를 중단시키고 반란을 곧 진압하였다.

106 《宣祖實錄》 1593년 7월 6일 2번째 기사임.

107 咸安(함안): 경상남도 남부 중앙에 있는 고을. 동쪽은 창원시, 서쪽은 의령군·진주시, 남쪽은 고성군, 북쪽은 남강과 낙동강을 경계로 의령군과 창녕군에 접한다.

矣[109], 當初沈游擊, 於六月十四日間, 同倭將一名·倭奴三十餘名, 又帶我國陪臣三人出來次, 倭將淸正[110], 追及沈游擊, 於離釜山數日之程, 陽爲送行之禮【爲白去乙】, 游擊謂淸正, 曰: '旣已請和於天朝, 何乃又搶朝鮮地方? (與)俺不須打發[111]西去. 今當還到關伯[112]處, 更爲議處.' 淸正答曰: '上年, 晉州兵馬及全羅僧兵, 多殺我軍, 故今向晉州, 又向全羅道, 一番撕(廝)殺報讎. 方可過海, 然講議時未了, 我且捆住[113], 吾再不敢動手.'云, 淸正卽回去, (沈)游擊亦出來. 本月初七日夜中, 始到京城, 八日沈游擊同倭

---

108 爲白去乙(위백거을): 이두 표기. ~라 하시거늘.

109 爲白乎矣(위백호의): 이두 표기. ~하옵시되.

110 淸正(청정): 加籐淸正. 임진왜란이 발발하자, 일본군의 선봉이 되어 조선으로 쳐들어왔는데, 사실 한양에 가장 처음 입성한 것은 고니시 유키나가였다. 그러나 가토 기요마사는 문서를 교묘하게 꾸며 자신의 사자를 잽싸게 보내서 공적을 위조했다. 그러나 이를 간파한 이시다 미츠나리가 가토 기요마사의 부정을 탄핵하자, 이후 사이가 아주 원수지간이 되었다. 개성을 함락시킬 때까지 고니시 군과 함께 하였고, 그 이후 함경도로 진군하여 선조의 서자인 임해군과 순화군도 사로잡는다. 그리고 가토는 이 공로로 순왜인(조선인으로서 임진왜란때 일본에 부역했던 자) 국경인과 국세필에게 벼슬을 내린다. 정유재란 때는 홍의장군 곽재우와의 전투에서 패전하였고, 울산성 전투에서는 조명연합군에게 포위되어 自軍의 시체를 뜯어먹고 말의 피를 마시는 처참한 농성을 벌여, 결국 원군이 올 때까지 버티는 데 성공하여 간신히 귀환할 수 있었다.

111 打發(타발): 파견함. 보냄.

112 關伯(관백): 일본에서 천황을 내세워 실질적인 정권을 잡았던 막부의 우두머리. 어린 천황 대신 정무를 맡아보는 것을 攝政이라 했고, 성인 천황을 대신한 것을 관백이라 했다. 풍신수길은 미나모토(源) 씨가 아니었기 때문에 관백이 되었던 것이다. 보통 關白이라 한다.

113 捆住(연주): 攔住의 오기.

將, 見都督, 倭將持來文書, 多有怯【缺】天朝之語, 又欲由此路進

貢, 提督·宋經畧前, 有禮物件, 天朝亦有貢獻儀物, 而經畧分付,

勿令倭將西來, 故將此等事情, 禀知經畧, 倭將則姑留在京城.

提督謂倭將, 曰: '你兵尙住海口, 此何意耶?' 倭將答曰: '天兵不

撥, 日本兵亦不敢撥, 天兵先撥, 則自然撥矣.' 提督謂之曰: '爾兵

先過海, 天兵可撥, 乃欲令天兵先撥, 而爾兵搶朝鮮乎? 無此理

也. 爾欲不去, 則不去亦可, 夏秋霖潦, 不宜交戰, 待天寒地凍,

一場馳馬, 可殺盡汝也.' 倭將答云: '當差手下一人, 跟同游擊家

丁一名, 回到海口, 說與淸正處置.'云. 此二人, 初九日, 打發南

去【是如爲白在果[114]】, 文書今到經畧衙門. 彼處必有的報, 而此處

口傳之言事. 崔僉知, 果以天兵嚮導, 將往嶺南云, 嚮導之任, 無

乃齒酸耶? 必是朝廷使導之意也.


**7월 21일(계유). 맑음. 초양동에 있음.**

이전처럼 근무하였다.

七月二十一日(癸酉). 晴. 在初陽洞.

坐起如前. ◇[115]

---

114 是如爲白在果(시여위백재과): 이두 표기. ~이라고 하옵거니와.

115 "都事, 以寡妹相見事, 往還永川. 夕, 花山都政之子, 李東牧來言: '其弟曾受
馬帖, 而北靑判官不給, 故還納次, 持來見失云, 願得他帖. 當初給帖, 極爲重
難, 而宗室之人, 故敢爲成給, 而又來求他, 深爲未便.(도사가 과부 누이를 만
나보는 일로 영천에 갔다가 왔다. 저녁에 화산도정의 아들 이동목이 찾아와서

## 7월 22일(갑술)。 비。

이전처럼 근무하였다.

길주(吉州)의 직장(直長) 허형(許珩)이 해정창(海汀倉)에 왔다고 하였다.

이날 공경히 받은 성지(聖旨: 왕명)에 의하면, "여러 왕자 궁가(宮家)의 노비들이 멋대로 날뛰면서 백성들에게 폐를 끼치는 자들을 낱낱이 잡아 가두고 중앙에 아뢰되 법사(法司)에 문서를 보내어 치죄하라."라고 하였는데, 성지(聖旨)가 이와 같으니 이후로는 백성들의 생활이 다시금 원통하고 억울한 일이 없을 것이므로 회복의 시기를 날짜를 정하고 기다릴 수 있게 되자 감격하여 흐르는 눈물을 주체할 수 없었다.

감영(監營)의 구실 고응개(高應凱)가 강서현(江西縣: 평안도 소재)에서 돌아왔는데, 행재소는 아주 평안하다고 하였다. 바로 앞 시각에 평양(平壤)의 역졸이 첩지의 죄상을 추궁하여 심문하라는 관자(關子: 공문서)를 가지고 와서 말하기를, "왜적이 경성(京城)으로 향한다는 이야기가 있어서 기성(箕城)에서는 군대를 정비한다는 기별이 있습니다."라고 하였다. 내가 이 말을 듣고 생각하니, 필시 함안(咸安)의 일일 것이었다. 해당 관청에서 왜장(倭將)이 수십 명을 거느리고 제경(帝京: 북경)으로 향한다는 기별을 듣고서 군사들을 정돈하여 군대

말하기를, '그의 아우가 일찍이 마첩을 받았으나 북청판관이 주지 않은 까닭에 도로 반납하고자 가지고 오다가 잃어버렸다.'라고 하면서 다른 첩이라도 주기를 바랐다. 당초 첩을 주는 것은 지극히 중하고 어려운 일이나 종실 사람인 까닭에 감히 만들어 주었거늘 또 다른 것을 구하러 오니 매우 마음이 편치 못하다.)"

의 위용을 과시하려는 계책으로 삼으려는 것이었는데, 이 사람이 망령되이 전한 것이었다. 북도(北道)의 백성들이 놀라서 동요할까 두려워 즉시 고응개에게 물으니, 남쪽 고을의 사람들이 과연 놀라 동요하여서 그가 곧 힘써 해명하였다고 하니, 가상하고 가상하였다.

七月二十二日(甲戌)。雨。

坐起如前。吉州[116]直長許珩, 來海汀[117]云。是日, 祗受聖旨內, 王子諸宮家奴輩, 橫行作弊者, 一一囚禁啓聞[118], 移文法司[119]治罪事也." 聖旨如此, 此後民生, 更無冤鬱之事, 而恢復之期, 指日可待, 感泣無任。營屬高應凱, 回自江西, 行在萬安。◇[120] 前刻, 有平壤驛子, 持成僉知推考關子, 來言曰: "倭賊有向京之(缺), 箕城有整軍之奇."云。余聞而思之, 則必是咸安[121]之事也。該司聞倭將領數十名, 向帝京之奇, 整齊軍兵, 以爲觀兵之計也, 而此人妄傳。恐北民驚動, 卽因高應凱問之, 則南官人, 果爲驚動, 而渠乃力解之云, 可嘉可嘉。◇[122]

---

116 吉州(길주): 함경남도 남부에 있는 고을. 동쪽은 명천군과 동해, 서쪽은 함경남도 단천군·혜산군, 남쪽은 학성군, 북쪽은 무산군·경성군과 접한다.

117 海汀(해정): 海汀倉. 함경북도 남단 동해안에 있는 城津인 듯하다.

118 啓聞(계문): 조선 시대 지방 장관이 중앙에 上奏하던 일.

119 法司(법사): 조선 시대 刑曹와 漢城府.

120 "見崔僉知書 李睟光掌令 五歲女兒爲狼所□云, 可憐可憐.(최 첨지의 편지를 보니 장령 이수광의 5세 딸이 이리에게 물렸다고 하니 가련하고 가련하다.)"

121 咸安(함안): 경상남도 남부 중앙에 있는 고을. 동쪽은 창원시, 서쪽은 의령군·진주시, 남쪽은 고성군, 북쪽은 남강과 낙동강을 경계로 의령군과 창녕군에 접한다.

## 7월 23일(을해)。 맑음。

이전처럼 근무하였다.

영흥 부사(永興府使) 정문부(鄭文孚)가 병든 어미를 만나러 가기 위해 휴가를 청하였는데, 이는 곧 두루 겪는 일로서 사정이 절박하다는 것을 알지 못하는 것은 아니나 이처럼 북쪽의 변경을 걱정하는 때를 당해 수령에게 휴가를 주는 것은 절대로 그 시기가 아니라고 여겼던 까닭에 그의 원을 들어줄 수 없어 한스러웠다.

七月二十三日(乙亥)。 晴。

坐起如前。永興府使鄭文孚[123]， 病母相見事， 乞由， 此乃備

---

122 "同知安滉卒逝, 李蘉爲禮曹參議云。安同知, 乃大院之壻也, 自上必驚悼, 聞之可慟。李參議, 以乙丑年司諫, 一未得要職, 而今乃爲禮部侍郞。非但此也。其母夫人, 甲子生也, 必避亂無恙(恙), 故有此除拜, 天幸萬萬.(동지 안황이 갑자기 죽었고, 이거는 예조참의가 되었다고 하였다. 안 동지는 곧 대원(德興大院君 李岹)의 사위인데, 주상께서 필시 놀라 애도하셨을 것이니 부음을 듣고 애통하였다. 이 참의는 을축년(1565)에 사간이 되고는 한 번도 요직에 오르지 못하다가 이번에야 예부시랑이 되었다. 비단 이것뿐만이 아니다. 그의 모부인은 갑자생(1504)으로 필시 피난하여 아무 탈이 없었으므로 이러한 제수가 있었을 것이니 천행이 그지없었다.)"

123 鄭文孚(정문부, 1565~1624): 본관은 海州, 자는 子虛, 호는 農圃. 1585년 생원이 되고, 1588년 식년 문과에 급제해 한성부 참군이 되었다. 이듬해 홍문관 수찬을 거쳐 사간원정언 겸 中學敎授를 역임하고 1590년 사헌부 지평으로 지제교를 겸했으며, 이듬해 함경북도 병마평사가 되어 북변의 여러 鎭을 순찰하였다. 1592년 行營에서 임진왜란을 당했는데, 회령의 叛民 鞠景仁이 臨海君·順和君 두 왕자와 이들을 호종한 金貴榮·黃廷彧·黃赫 등을 잡아 왜장 가토(加藤淸正)에게 넘기고 항복하자, 이에 격분해 崔配天·李鵬壽와 의병을 일으킬 것을 의논하였다. 먼저 국경인·鞠世弼을 참수하고, 이어 명천·길주에 주둔한 왜적과 長德山에서 싸워 대승하고, 雙浦 전투와 이듬해 白塔郊 전투에서 대승해 관북 지방을 완전히 수복하였다. 1594년 영흥 부사에 이어 온성 부사·길주 목사·안변

嘗[124]之事, 非不知情事之切迫, 而當此北邊可虞之時, 守令給由, 大非其時, 故未得從願, 可恨。


## 7월 24일(병자)。 맑음。

이날은 곧 현덕왕후(顯德王后: 문종의 왕비)의 제삿날이어서 근무하지 않았다.

석노(石奴)·갑산노(甲山奴)·문손(文孫) 등이 양성(陽城)으로 향해 갔는데, 좌랑(佐郎, 윤탁연의 장남 윤경원, 협주: 칠평군)의 아내 및 이좌수(李座首: 李文白, 협주: 양성 좌수)에게, 포천 현감(抱川縣監, 협주: 공의 둘째 동생 尹粹然)·봉사(奉事, 협주: 공의 셋째 동생 尹浩然)·호(虎)어미에게 보내는 편지를 가지고 갔다.

七月二十四日(丙子)。晴。

是日, 乃顯德王后[125]忌晨, 故不坐。石奴·甲山[126]奴·文孫等, 向陽城[127], 佐郎【漆坪君[128]】妻及李座首【陽城座首】處, 抱川[129]【公二

---

부사·공주 목사를 거쳐 1599년 장례원 판결사·호조참의가 되었고, 그해 중시 문과에 장원 급제하였다. 1601년 예조참판, 이어서 장단 부사·안주 목사가 되었다. 1623년 반정으로 인조가 즉위하자 전주 부윤이 되고, 다음 해 다시 부총관에 임명되었으나 병으로 부임하지 않다가 李适의 난에 연루되어 고문을 받다가 죽었다.

124 備嘗(비상): 두루 겪음. 주로 어려움을 나타내는 말과 함께 쓰인다.

125 顯德王后(현덕왕후): 조선의 제5대 왕 文宗의 왕비. 花山府院君 權專의 딸이다.

126 甲山(갑산): 함경남도 갑산군에 있는 지명.

127 陽城(양성): 경기도 안성 지역의 옛 지명. 조선 시대에는 治所가 진산인 天德山

弟粹然<sup>130</sup>】·奉事【公三弟浩然<sup>131</sup>】·虎母處, 書持去。◇<sup>132</sup>

---

과 남쪽의 白雲山 사이에 자리 잡고 있어 외부와는 禪院川을 건너 안성과 연결
되었다. 서해안에 월경처인 槐台吉串이 있어 양성의 稅穀은 이곳을 통하여 京
倉으로 운송되었다.

128 漆坪君(칠평군): 尹卓然의 장남 尹慶元(1560~1592)을 가리킴. 본관은 漆原,
자는 善餘. 1582년 사마시에 합격하여 진사가 되었다. 이후 陽城縣監을 지냈으
며, 1592년 임진왜란이 일어나자 백의종군하여 경기도 관찰사 沈岱의 명령을
받고 軍糧을 豊德으로 수송하였다. 심대가 朔寧에서 士民을 모집하여 수도를
회복하고자 할 때 그곳으로 달려가 삭녕 군수 張志誠과 협력하였으나, 왜장 이
토[伊東祐兵]의 기습을 당하여 군수 장지성은 도주하고 윤경원은 관찰사 심대
등과 같이 전사하였다.

129 抱川(포천): 경기도 북동부에 있는 고을. 동쪽은 강원도 화천군·경기도 가평군,
서쪽은 연천군·동두천시·양주시, 남쪽은 의정부시·남양주시, 북쪽은 강원도
철원군과 접한다.

130 粹然(수연): 尹粹然(1547~1615). 본관은 漆原, 자는 汝純. 1593년 抱川縣監,
1596년 龍仁縣令, 1598년 廣州牧使, 1604년 長湍府使 등을 지냈다.

131 浩然(호연): 尹浩然(1553~?). 본관은 漆原, 자는 景直. 1588년 생원시에 합격
하였다. 문경 현감과 영평 현령을 지냈다.

132 "貽抱川書曰: '忍死到今者, 祗爲更瞻天日, 更拜先塋, 更見弟妹, 而只見病妹,
餘皆在遠, 豈料難者反易耶? 君輩, 則俱有官, 天恩罔極, 何敢言私? 第如日
用者, 無有職業, 而亦不得相會, 是則可嘆. 吉元, 則悼亡之餘, 分痛亦苦 而
其母於頃日, 又有染熱, 久絶幸甦, 今尙未蘇, 其能念及於此外耶? 極甚未安,
而尙未趨詣, 是亦命也, 如何如何? 吾家子弟, 其有不喜功名之理耶? 其母差
歇, 則當卽起程也. 此書傳送于季處事, 亦通之. 佐郎家屬, 今則尤無依賴處,
頃聞羅州鄭士順子弟, 以率去事, 上來而粮乏, 未果云. 問于石奴, 則非是爲
佐郎家屬而來也, 沈友明之子, 乃佐郎同贄, 而疏其妻, 將不保, 故其甥來還
云. 佐郎家屬之去就, 待石奴之歸云, 以仍留其處, 待此處處置事, 敎送.(포천
현감에게 주는 편지에 이르기를, '죽지 않고 지금까지 산 자들이 공경히 다시
전하도 뵙고 다시 선영에도 절하고 다시 아우와 누이도 본다만, 단지 병든 누이
만 보고 나머지는 모두 멀리 있으니 어찌 어렵던 것이 도리어 쉬워질 줄 헤아렸
으랴. 너희들이 모두 관직을 지키고 있으니 전하의 은혜가 망극하여 어찌 감히

## 7월 25일(정유). 맑음.

이전처럼 근무하였다.

들건대 경내(境內)에 송이버섯이 난다고 하여 눈앞의 사령(使令)에게 따오라 했더니 아주 신선하였다. 이를 차마 개인 주방에 맡길 수가 없었는지라, 감영(監營)의 노복(奴僕) 가운데 믿을 만한 자를 모아 양식과 포목을 주고 밤낮으로 달려가 37본(本)을 봉하여 임금께 바치게 하였다. 이는 필시 요동(遼東)에서 바치려 했던 돼지와 같아서 변변찮은 미나리를 권했던 자의 어리석음을 면하지 못할 것이니 우스웠다.

七月二十五日(丁酉)。晴。

坐起如前。聞境內産松茸云, 使眼前使令採來, 極新鮮。不忍付

---

사사로운 일을 말하겠는가. 다만 일상생활 같은 것이 관직을 가지고 있지 않으면 또한 서로 모일 수가 없으니 이것이 참으로 개탄스럽다. 길원은 제 아내 잃은 뒤로 나누는 고통이 또한 괴롭고, 그의 어미도 지난날에 또 전염 열병을 앓아서 오랫동안 숨이 끊어질 듯하다가 겨우 살아났는데 지금도 아직 회복되지 않았으니, 이 밖에 어찌 생각이나 할 수 있었으랴? 지극히 마음이 편치 않아서 아직도 서둘러 詣闕하지 못했으니, 이것 또한 운명일지라 어찌하겠는가, 어찌하겠는가? 우리 집안의 자제들이 공명을 좋아하지 않을 리가 있겠는가? 그 어미가 조금 나아지면 당장 즉시 출발하겠다. 이 편지를 막내에게 전송하여 또한 알리도록 하여라. 좌랑의 식솔들은 지금 더욱 의지할 곳이 없는데, 지난번에 듣자니 나주의 정사순 자제가 데려가고자 올라왔다가 양식이 떨어져서 데려가지 못했다고 하였다. 석노에게 물으니 좌랑의 식솔들을 위해 올라온 것이 아니라, 심우명의 아들이 바로 좌랑의 동서인데 그의 처가 멀리 있어서 장차 지킬 수 없게 되자 그의 처남이 왔다가 되돌아간 것이라고 하였다. 좌랑 식솔들의 거취는 석노가 돌아오기를 기다린다고 하니, 그곳에 그대로 머물러 있으며 이곳에서 처치하는 것을 기다리라고 일러 보내거라.)"

諸私廚[133], 募得營奴可信者, 給粮給布, 使之晝夜馳去, 以三十七本, 封進。此必如遼豕[134]之獻, 而未免食芹[135]者之癡, 可笑。◇[136]


## 7월 26일(무인)。 저녁에야 갬。

이전처럼 근무하였다.

황주(黃州) 봉릉 역졸(鳳陵驛卒) 김연손(金連孫)이 본도(本道: 황해도) 감사(監司)의 관문(關文: 공문서)을 가지고 왔다. 이 제독(李提督: 이여송)의 말이 병에 걸려 황주에 머물러 두고 보살폈으나 어떤 사람이 도둑질해 가서 찾아내야 할 일로 매우 놀라고 분하니 충분히 들

---

133 私廚(사주): 개인 주방.

134 遼豕(요시): 遼東豕의 고사.《後漢書》권33〈朱浮列傳〉에 의하면, 요동의 돼지가 머리가 흰 새끼를 낳자, 주인이 기이하게 여겨 조정에 바치려고 길을 떠났다가, 河東에 와서 돼지가 모두 흰 것을 보고는 부끄럽게 여겨 돌아갔다는 고사이다. 성의만 지극할 뿐 보잘것없는 물건이라는 뜻의 겸사로 쓰이는 말이다.

135 食芹(식근): 野人獻芹의 고사.《列子》〈楊朱〉에 의하면, 시골 사람이 혼자만 미나리 맛을 즐길 수 없어서 윗사람에게 바쳤다가 핀잔을 받고 부끄러워했다는 고사이다. 성의만 지극할 뿐 보잘것없는 물건이라는 뜻의 겸사로 쓰이는 말이다.

136 "諸宮奴輩禁斷事, 有旨祗受事, 松茸封進事, 各官農事形止・箭竹・魚膠・弓角・牛筋, 啓請書狀竝封, 營奴萬耳陪去。長湍許內禁之奴, 還覓送布丁・魚物, 又以一坪燒酒・一笥乾魚, 付送, 使之分奠佐郞墓及許晫父墳.(제궁의 노복들을 금하고 단속하라는 유지를 공경히 받은 일, 송이버섯을 봉하여 바친 일, 각 고을의 농사 형편・전죽・아교・궁각・소심줄 등을 아뢰는 서장을 함께 봉했는데, 감영의 구실 만이가 가지고 갔다. 장단 허 내금위의 노복이 포목・어물을 도로 찾아서 보냈고 또 한 동이의 소주・한 광주리의 건어물을 부쳐 보냈는데, 좌랑의 묘와 허탁 아비의 묘에 나누어 차리도록 하였다.)"

고 보아 꼭 붙잡아달라고 바로 여러 고을에 문서를 보낸 것이었다.

김연손의 말에 또 이르기를, "심 유격(沈遊擊: 심유경)이 왜놈을 대동하고 있다는 말을 들은 지 이미 오래이나 동쪽 변경에서 온 문서에 다시 서쪽을 향해 갔다고 하는데, 심 유격이 일을 행하는 것이 대부분 간사스럽고 교묘하여 끝내 이와 같은 일이 있는데도 조정에 있는 사람들은 그 죄를 논하지 않고 굳이 군사를 거느리도록 하니 무슨 뜻인지 알지 못하겠습니다."라고 하였다.

七月二十六日(戊寅)。晚晴。

坐起如前。黃州[137]鳳陵驛卒金連孫, 持本道監司關子來。李提督馬, 以病留養于黃州, 而有人盜去, 物色【缺】事也, 極爲駭憤, 十分聞見捕捉事, 卽移文列邑。連孫之言又曰:"沈游擊帶同倭奴之言, 聞之已久, 而東邊文字, 再過西向云, 沈之行事, 大槩詭譎, 而終有如此之事, 朝廷之人, 不論其罪, 强使領兵, 未知何意也?"◇[138]

## 7월 27일(기묘)。맑았다가 저녁에 가랑비。

이전처럼 근무하였다.

---

137 黃州(황주): 황해도 중북부에 있는 고을. 동쪽은 서흥군, 서쪽은 안악군과 평안남도 용강군, 남쪽은 봉산군, 북쪽은 평안남도 중화군과 접한다.

138 "昨日, 松蕈進上陪去者, 以衙馬騎送, 而其馬到定平還來, 問之則遞馬于定平今日可到隘守云.(어제 송이버섯을 진상하러 가지고 가는 자를 관아의 말에 태워 보냈는데, 그 말이 정평에 이르렀다가 되돌아와서 그 까닭을 물었더니 정평에서 말을 교체하였는데 오늘쯤 애수진에 도착했을 것이라고 하였다.)"

안접사(安接使, 협주: 첨지 홍세공)의 사내종이 하소연하는 서장(書狀)을 올리며 말하기를, "내달 4일은 바로 첨지의 부인이 해를 입은 날인데, 제사상에 올릴 제물(祭物)을 얻고자 합니다."라고 하니, 가련하여 즉시 그 사내종에게 양식과 반찬을 내리는 첩문(帖文)을 써주고 또 제물도 보내 주도록 첩문을 써주었다.

첨지 부인(僉知夫人) 박씨(朴氏)는 곧 절부(節婦)이다. 지난해 왜적을 만났는데 자신을 욕보이려고 하니, 왜적 한 명을 발길로 걷어차자 그 왜적은 바로 바위 밑으로 거꾸로 떨어졌고, 또 왜적 한 명이 와서 범하였으나 끝내 따르지 않자 난도질을 당하기에 이르렀지만 꾸짖는 소리가 끊이지 않았다. 그녀의 딸아이 하나는 끝내 간 곳을 알지 못했고, 또 다른 딸아이는 사로잡혀 성에 들어가서 겨울이 다 지나도 나오지 못하다가 왜적이 나올 때 나올 수 있었으니, 그 어미의 곧은 정절(貞節)과 딸아이들의 더럽혀진 실절(失節)이 전혀 달라서 경악스럽고 개탄스러웠다.

류배(柳褙: 柳斐의 오기)의 안부를 물으니, 애가(哀家: 喪家)를 보살피고 장지(葬地)를 정하는 일로 한경(漢京: 漢城)에 갔다고 하였다. 류희택(柳希澤: 柳希津의 오기)은 류관(柳寬)의 후손으로 청렴하고 고결한 덕행에 있어서 조상의 가풍을 많이 더럽혔으니 부끄러울 만하나, 적에게 죽을 때 자못 가상한 절개가 있었으니 또한 용서해줄 만하였다. 류배(柳褙: 柳斐의 오기)는 그의 아비가 사로잡혀 죽임을 당할 때 놀랄 만한 일들이 많아서 상중(喪中)에도 또한 사람들의 말이 있었는데, 이는 필시 사람들의 말이 어긋난 것이겠지만 그의 몸가짐에 반드시 근신하지 못했으므로 이와 같을 것이니 한탄스럽다.

七月二十七日(己卯)。晴夕細雨。

坐起如前。安接使【洪僉知世恭[139]】奴子，呈狀曰：“來月初四日，乃僉知夫人被害日也，欲得奠物。”云，可憐，卽帖給[140]其奴糧饌，又帖送其祭物。僉知夫人朴氏[141]，乃節婦也。上年遇賊，欲辱之，踢其一賊，賊乃倒落巖下，又一賊來犯，不從則至於亂斫，而罵不絶聲。其一女則終不知去處，一女則被擄入城，過冬不出，賊出時得出，其母子，貞黷頓殊，可怖可歎。問柳裵[142]安否，則以哀家經理·葬地定卜事，上漢京云，柳希澤[143]，以柳寬[144]之孫，清德則

---

139 世恭(세공)：洪世恭(1541~1598). 본관은 南陽, 자는 仲安, 호는 鳳溪. 1567년 생원이 되고, 1573년 식년문과에 급제, 여러 벼슬을 거쳐 1588년 平安道救荒敬差官이 되어 永柔縣監 任兌를 처벌하는 등 민심을 수습하는 데 공을 세워 왕의 신임을 받았다. 1592년 임진왜란이 일어나자 평안도 調度使가 되어 明軍의 군수 조달의 책임을 지고 戰陣의 상황을 왕에게 수시로 보고하였다. 곧 참의로 승진되어 조도사를 겸하고, 이어 함경도 도순찰사가 되어 영흥의 적정을 보고하여 군의 계책을 진언하고, 각 지방에 남은 식량과 들판에 널려 있는 곡물을 거두어들이는 데 전력하였다. 1594년 전라도 관찰사로 전주 부윤을 겸하여 곡창지대인 호남지방의 양곡을 調度하였다. 1596년 좌부승지를 거쳐 우승지·참찬 등을 역임하고, 정유재란이 일어날 징후가 보이자 다시 평안도 조도사가 되어 군량 조달에 힘쓰던 중 숙환으로 군중에서 죽었다.

140 帖給(첩급)：관아에서 傭人 또는 상인에게 금품을 줄 때 서면으로 써서 내려주는 것.

141 朴氏(박씨)：高靈朴氏 朴壽春의 딸. 1593년 둘째 사위 柳斐를 따라 함흥 산중에서 왜구를 만나 시해를 당했다. 1남 6녀를 두었다.

142 柳裵(류배)：柳斐의 오기. 金義淳의《山木軒集》권13〈謚狀·全羅道觀察使贈領議政唐城府院君洪公謚狀〉에 나온다.

143 柳希澤(류희택)：柳希津(생몰년 미상)의 오기. 본관은 文化. 柳塢의 아들. 1592년 임진왜란 당시 함흥 판관으로 재임하던 중 왜적에게 포로가 되었다. 왜적은 유희진에게 당시 의주로 피난해 있던 선조의 거처를 물으며 갖은 고문을 했으나 끝내

多忝祖父風, 可愧, 而死賊時, 頗有可嘉之節, 亦可恕也。裴也, 於其父被擄被殺之時, 多有可駭之事, 喪中亦有人言, 此必人言 之誣, 而其行身, 則必不能謹愼, 故如是, 可恨。◇[145]


## 7월 28일(경진). 부슬비.

이전처럼 근무하였다.

---

굽히지 않다가 혀를 깨물고 자결하였다고 한다.

144 柳寬(류관, 1346~1433): 본관은 文化, 초명은 柳觀, 자는 夢思·敬夫, 호는 夏亭. 1392년 조선이 건국되자 개국 원종 공신이 되었다. 1397년 左散騎常侍·대사성을 거쳐 이듬해 형조전서를 지냈다. 1401년 대사헌으로서 상소해 불교를 적극적으로 배척했고, 이어 간관을 탄핵했다는 이유로 파직되었다가 곧 다시 서용되어 鷄林府尹이 되었다. 그러나 다시 무고를 받아서 문화에 유배되었다. 그 뒤 풀려나와 1405년 전라도 관찰사를 지내고, 이듬해 예문관대제학을 거쳐 判恭安府事로 정조사가 되어 명나라에 다녀왔다. 이어 世子左賓客을 거쳐 형조 판서가 되어 兵書習讀提調를 겸임했다. 그 뒤 참찬·찬성 등을 역임하고 1418년 다시 대제학으로 知經筵事를 겸하고, 이어 判中軍都摠制府事 등을 거쳐 1421년 다시 대제학이 되었다.

145 "德安陵守護軍, 採納松蕈十五本, 而白鹽, 賞給而送。是日, 午夢似煩, 未知某人, 而朝報中, 似有口舌之厄, 可恨。有人呈狀, 府奴香玉而官婢作妾, 徙邊之人, 潛隱逃還, 作弊民間, 掠取布物, 芟刈草穀云。卽捉致, 刑訊一次, 押送本府, 使之還發配所.(덕안릉 수호군이 송이버섯 15본을 따와 바쳐서 흰 소금을 상으로 주어 보냈다. 이날 낮의 꿈이 번잡한 듯했는데, 누구일지 모르겠으나 조보에 구설수의 액운이 있을 듯하니 한탄스럽다. 어떤 사람이 하소연하는 서장을 올렸는데, 府의 구실 향옥과 관비를 첩으로 삼아서 변방으로 귀양 간 사람이 남몰래 도망쳐 돌아와 민간에 폐를 끼쳐 포목들을 약탈해가고 풀과 곡식을 베어 간다고 하였다. 즉시 붙잡아서 한 차례 형신한 뒤에 본부로 압송하여 유배소로 돌려보내도록 하였다.)"

선달(先達) 이언희(李彦禧)가 새 송이버섯 30본을 가지고 와서 선물하였는데, 마침 계본(啓本: 국왕에게 올리는 문서)을 봉하여 올릴 일이 있어서 함께 봉하여 올렸다.

최공(崔公) 등이 묘를 살피고 점검한 일, 길주(吉州)의 허대성(許大成)·이붕수(李鵬壽) 등에게 포상의 은전(恩典)을 내리도록 하는 일, 홍원(洪原)의 강우문(姜遇文: 姜文佑의 오기)·이영장(李英長)·김수정(金守貞) 등에게 포상의 은전을 내리도록 하는 일, 전 북병사(前北兵使) 성윤문(成允文)이 올라갔으므로 추고(推考)할 수 없다는 일 등을 써서 장계(狀啓)를 올렸다. 홍원의 면천된 노비 김천세(金千世)가 가지고 갔다.

七月二十八日(庚辰)。微雨。

坐起如前。李先達彦禧, 來餽新松茸[146]三十本, 適有啓本[147]封進事, 幷封進。崔公等墓奉審[148]事, 吉州許大成[149]·李鵬壽[150]等

---

146 松茸(송용): 松蕈의 오기.

147 啓本(계본): 조선 시대 국왕에게 중대한 일로 올리던 문서 양식.

148 奉審(봉심): 왕명을 받들어 왕실의 묘우나 능침을 살피고 점검하는 일.

149 許大成(허대성, 생몰년 미상): 본관은 陽川. 許惟禮의 5세손이다. 吉州의 溟川書院에 봉안되어 있다.

150 李鵬壽(이붕수, 1545~1593): 본관은 公州, 자는 仲恒. 임진왜란이 일어나 왜장 가토[加藤淸正]의 병사가 關北으로 밀어닥쳐 여러 고을을 함락하고, 회령 사람인 鞠景仁 등이 두 왕자와 宰臣 및 長吏를 사로잡아 항복하는 사태가 일어나자, 이 소식을 듣고 거사 계획을 세우던 차에 북평사 鄭文孚를 만나 姜文祐, 종성부사 鄭見龍과 함께 倡義起兵하여 정문부를 대장으로 추대하고 자신은 별장이 되었다. 9월 부령을 수복하여 국경인 등의 목을 베고, 11월 길주 長坪에서 승리하고, 12월 雙浦에서 대승을 거두었다. 1593년 1월 단천 전투에서 승리함으로써

褒錄事, 洪原[151]姜遇文[152]·李英長·金守貞等褒錄事, 前北兵使成允文上去, 不得推考事, 狀啓。洪原免賤奴金千世陪去。◇[153]

### 7월 29일(신사). 맑음.

이전처럼 근무하였다.

봉사(奉事) 주한평(朱漢平)이 송이버섯 30본을 선물로 보내왔는데 지극히 신선하였다. 어제 가는 길에 나누어 봉해 동궁(東宮: 광해군)에게 올리려고 했으나 수가 적어 봉할 수 없었는데, 지금 이 수를 보니 아주 기쁘고 다행스러워서 즉시 김천세(金千世)의 출발 여부를

---

적병이 후퇴, 남하하기 시작하자 이를 추격하여 玉塔坪에서 싸우다가 적의 탄환에 맞아 전사하였다. 鏡城 彰烈祠宇에 봉안되어 있다.

151 洪原(홍원): 함경남도 중남부에 있는 고을. 동북쪽은 북청군, 서쪽은 함주군, 서북쪽은 신흥군, 남쪽은 동해에 면한다.

152 姜遇文(강우문): 姜文佑(생몰년 미상)의 오기. 본관은 晉州, 자는 汝翼. 1558년 別試에 급제하여, 관직은 萬戶를 거쳐 校書館校理에 이르렀다. 1592년 임진왜란 때에는 함경북도평사 鄭文孚가 군사를 일으켜 鏡城을 수복할 당시 선두에 서서 府城에 이르러, 항거하는 鞠世弼을 위협하여 兵使의 印을 회수하였으며, 吉州의 왜군 1백여 명이 상황을 살피러 왔을 때는 성문을 열고 나가 수십 명의 머리를 베어서 남은 적들을 물리치는 등 왜적을 공격하는 데 공을 세우기도 하였다. 鏡城 彰烈祠宇에 봉안되어 있다.

153 "營奴韓生, 以其女子相見事, 向海城, 趙兵使前修問書·壺山了問書亦附。韓奴, 以開月下旬, 爲歸期而去。洪原金厚世來謁。(감영의 구실 한생이 그의 딸을 보는 일로 해성을 향해 갔는데, 조 병사에게 쓴 문안 편지와 호산에게 보내는 문안 편지도 부쳐 보냈다. 한생은 다음 달 하순에 돌아오기로 기약하고 갔다. 홍원의 김후세가 찾아와서 만났다.)"

물었더니 쇄마(刷馬: 지방에 배치된 관용의 말) 일로 아직 출발해가지 않았다고 하여 바로 나중이지만 송이버섯을 봉해 보냈다.

　직장(直長) 허형(許珩)이 배를 타고 해정창(海汀倉)에서 찾아왔는데, 이 사람은 적개공신(敵愾勳臣: 이시애의 난을 진압한 공신) 허례(許禮: 許惟禮의 오기)의 후예이다. 지난해 사변 때 경성(京城)에서 피난온 사대부들 가운데 이 사람을 만난 자는 모두 화를 면하고 굶주림을 면하여 무사히 도로 떠나갔다니, 이 사람이야말로 상을 줄 만한 가장 훌륭한 사람이다. 북도를 순찰할 때 불러서 만나보려 했으나 지금에서야 찾아와 보게 되니 친구를 만난 것처럼 반갑고 기뻤는데, 그 사람을 보니 과연 중후하고 선량한 사람이었다. 그 당시 보살피고 도와주느라 분주한 공로는 낱낱이 들어서 말할 수가 없는데, 그의 집안에서 보살펴준 사람을 대략 들으니 참판(參判) 이희득(李希得), 목사(牧使) 정희적(鄭熙績), 판관(判官) 이준헌(李遵憲), 판관 이인남(李仁男), 별제(別提) 허사익(許思益), 정랑(正郎) 신광필(申光弼), 영(令) 윤유심(尹惟深), 생원(生員) 김대섭(金大涉), 생원 정복원(鄭復元)·정복례(鄭復禮), 진사(進士) 허균(許筠), 진사 김확(金矱), 생원 허징(許懲)·허항(許恒), 생원 신유(申裕)로 각기 식솔 및 판서(判書) 이허검(李許儉: 李希儉의 오기)과 감사(監司) 허엽(許曄)의 부인들, 부원군(府院君) 김귀영(金貴榮)의 딸아이 등이 거쳐서 갔고, 삼사일이나 오륙일을 유숙하고 지나간 사람은 그 수를 알지 못하지만 무려 4,5백 명이나 되었다. 달성위(達城尉: 徐景霌) 또한 벌거벗긴 알몸인 상태였는데 직장(直長: 허형)이 유의(襦衣)를 지어서 구했으며, 지금 다시 봄보리 5석·조 5석·콩 5석을 바쳤다. 사자(事自: 事目의 오기,

규정)에 의하면, 조 □□석을 바친 자는 당상관(堂上官)으로 자급(資級)을 올려주게 되어 있는데, 이 사람이 곡식을 써서 사람을 살린 양이 무려 4,5백 곡(斛: 10말)이거늘 기껏 얻은 직임이 직장일 따름이니 매우 마음이 편치 않았다. 이러한 뜻으로 장계를 올리는 것이 온당할 듯한데, 조정이 듣고서 이 실제의 행적을 알 수나 있을지 모르겠다. 지난해 왜적이 길주(吉州)에 주둔했을 때, 회령(會寧)의 반적(叛賊) 국경인(鞠敬仁: 鞠景仁의 오기)의 □□, 박순국(朴順國) 등 11명이 왜놈의 깃발을 펼치고서 술과 고기를 많이 싣고 길주에 적의 소굴로 장차 향했는데, 때마침 이 직장(直長: 허형)이 그들의 목을 베어 죽여 물에 던지는 데에 힘을 합하였다. 그때 힘을 합했던 정옥필(鄭玉弼) 등 4명 가운데 이희(李希)가 다른 사람의 무고를 당하여 홍 안접사(洪安接使, 협주: 홍세공)에게 주벌(誅伐)을 받았다고 하는데, 공로가 있는 사람이 끝내 화를 면하지 못한 것은 불행한 것이니 괴이하고 가슴 아프다. 허 직장(許直長: 허형)이 날이 밝으면 북으로 장차 돌아가려 하였는데, 그의 집은 명천(明川)에서 5식(息: 30리) 거리이고, 임영(臨瀛)에서 1식 거리라고 하였다. 북쪽으로 순찰할 때 찾아가서 만나보기로 약속하였다.

　이날 낮에 꿈꾸었는데, 호랑이를 사로잡아 목줄을 움켜쥐니 얼룩 반점 무늬가 있는 데다 몸집 또한 심히 커서 내가 큰소리로 하인을 부르면서 말하기를, "모름지기 사람을 해치지 못하도록 하라."라고 하였다. 이내 꿈에서 깨어나 곁에 있는 사람에게 물으니, 과연 사람을 부르는 소리가 있었다고 하였다. 호랑이를 사로잡는 꿈은 아마도 틀림없이 장수 집안의 길조일 터이니 기뻤다.

남병사(南兵使) 정현룡(鄭見龍)이 치보(馳報: 급히 보고함)한 것에 의하면, "이달 22일 경성(鏡城)에 이르러 왜적과 접전하여 4명의 왜적 머리를 베었고 왜적의 말 5필과 칼 16자루를 빼앗아서 올려보냅니다."라고 하였으므로 즉시 서명날인을 하여 장계를 올렸다.

七月二十九日(辛巳)。晴。

坐起如前。奉事朱漢平, 以松茸[154]三十本來餽, 極爲新鮮。昨行, 分封東宮, 數少未裹, 今見此數, 極爲喜幸, 卽問千世起身與否, 則以刷馬[155]事, 未發去云, 卽爲追封。直長許玎, 乘舟自海汀來見, 此是敵愾勳臣許禮[156]之裔也。上年事變時, 京城避亂士大夫, 得見此人者, 則皆免禍免飢, 無事還出, 此是第一可賞之人。擬於北巡時招見, 而今來見, 蘇喜如故人, 觀其人, 果爲謹厚良善

---

154 松茸(송용): 松蕈의 오기.

155 刷馬(쇄마): 조선 시대 지방에 배치한 관용의 말. 주로 사신의 왕래나 진상품의 운반 및 지방관 교체 시에 이용되었다. 조선 전기에는 역참에 소속된 말과 인부가 주로 이용되다가 임진왜란 이후부터 민간의 말을 대가를 지불하고 사용하는 것이 일반화되었다.

156 許禮(허례): 許惟禮(생몰년 미상)의 오기. 본관은 陽川. 아버지는 許崇道이며, 李施愛의 처조카이다. 吉州 출신이다. 1467년 5월 이시애가 반란을 일으키자 司饔別坐로 있다가 자원하여 訓戎節制使 廉睦의 군관으로 함길도병마절도사 許悰의 휘하에 속하여 출정하였다. 이때 그의 아버지 허숭도가 이시애 밑에서 吉州權任으로 있었는데, 이를 설득하라는 허종의 명을 받고 단신으로 길주로 잠입하였다. 한때 정탐꾼으로 몰려 죽을 뻔하였으나 계교로 이시애를 속여 위기를 면하였다. 아버지를 만나 大義로써 逆과 順을 설명하여 동의를 얻은 뒤 적장 李珠·李雲露·黃生 등의 적극적인 지원을 얻어 경성 雲委院에서 이시애 일당을 체포하여 난을 평정하는 데 결정적 공로를 세웠다. 이 공로로 敵愾功臣 2등에 녹훈되고, 吉城君을 봉했으며, 行中樞府僉事에 임명되었으나 길주로 내려가 은거하였다.

人也。其時, 護恤[157]奔走之勞, 則不可枚擧, 槩聞其家內護養之
人, 則李參判希得[158], 鄭牧使熙績[159], 李判官遵憲[160], 李判官仁
男[161], 許別提思益[162], 申正郎光弼[163], 尹令惟深[164], 金生員大
涉[165], 鄭生員復元·復禮, 許進士筠[166], (金)進士矱[167], 許生員

---

157 護恤(호휼): 보살피고 도와줌.

158 李參判希得(이참판희득): 李希得(1525~1604). 본관은 全州, 자는 德甫, 호는
荷潭. 1572년 春塘臺文科에 급제하여 사간에 제수되었다. 1592년 임진왜란 때
북도순검사를 지낸 뒤 1594년 함경도 관찰사를 역임하였다. 그 뒤 이조참판을
거쳐 1597년 대사간을 역임한 뒤, 1604년 지중추부사가 되어 기로소에 들어갔다.

159 鄭牧使熙績(정목사희적): 鄭熙績(1541~?). 본관은 河東, 자는 士勳. 1567년
사마시에 합격하여 진사가 되고, 이듬해 별시 문과에 급제하고, 1573년 사헌부
지평을 거쳐 사간원 헌납에 서임되었다. 1592년 안동 부사로 재임 중 임진왜란
이 일어났는데, 勤王을 빙자하고 처자를 거느리고 길주로 달려가 길주부사가
되어 鄭文孚와 호응하여 왜적과 싸웠다. 그러나 비변사로부터 안동 부사로 있을
때 왜적을 막지 않고 도망한 忘君負國의 죄를 지었다는 탄핵을 받았다.

160 李判官遵憲(이판관준헌): 李遵憲(생몰년 미상). 본관은 羽溪, 자는 仲守. 그의
첫째아들이 李仁男이고 둘째아들이 李福男이다. 갑산도호부사를 지냈다.

161 李判官仁男(이판관인남): 李仁男(생몰년 미상). 본관은 羽溪. 아버지는 李遵憲
이다.

162 許別提思益(허별제사익): 許思益(1535~?). 본관은 陽川, 자는 叔謙. 남원 출신.
아버지는 許珪이다. 1579년 식년시에 급제하였다.

163 申正郎光弼(신정랑광필): 申光弼(1553~1594). 본관은 平山, 자는 隣卿, 호는
郊峯. 1592년 임진왜란이 일어나자 鄭熙績과 더불어 召募官으로 六鎭에 들어가
宣諭(임금의 훈시를 널리 알림)하였다. 특히, 왜란 중에 외교문장에 능하다 하여
1593년에는 명나라 황제에게 보내는 奏請使의 咨文을 李魯·鄭經世·申欽 등과
지었다. 한편, 接伴使 尹先覺을 수행하기도 하였으며 예조정랑을 역임하였다.

164 尹令惟深(윤령유심): 尹惟深(1551~1612). 본관은 海南, 자는 通甫. 1576년 식
년시에 급제하였다. 아버지는 尹毅中이고, 아들은 尹善道이다. 禮賓寺副正을
지냈다.

憕[168]·恒[169], 申生員裕, 各其家屬及李判書許儉[170], 許監司曄[171]夫人, 金府院貴榮[172]女子而過, 三四五六日留宿, 過去之人, 則不知

165 金生員大涉(김생원대섭): 金大涉(1549~1594). 본관은 安東, 자는 士亨. 의금부도사를 지냈다.

166 許進士筠(허진사균): 許筠(1569~1618). 본관은 陽川, 자는 端甫, 호는 蛟山·鶴山·惺所·白月居士. 아버지는 徐敬德의 문인으로서 학자·문장가로 이름이 높았던 同知中樞府事 許曄이다. 1594년 庭試文科에 급제하고 說書를 지냈다. 1597년 문과 重試에 장원을 했다. 이듬해에 황해도 都事가 되었으나 서울의 기생을 끌어들여 가까이했다는 탄핵을 받고 부임한 지 6달 만에 파직됐다.

167 矱(확): 金矱(1572~1653). 본관은 安東, 자는 正卿, 호는 金沙. 아버지는 都事 金大涉이다. 1589년 사마시에 합격해 진사가 되고, 1618년 증광문과에 급제하여 鐵原府使에 이르렀다. 일찍이 許筠에게 수학하였다.

168 許生員憕(허생원징): 許憕(생몰년 미상). 본관은 陽川, 자는 和仲, 호는 西湖. 1574년 사마시에 합격해 진사가 되었다. 아버지는 別坐 許思益이다

169 恒(항): 許恒(1568~?). 본관은 陽川, 자는 仲久, 호는 孤山. 許憕의 동생이다. 1618년 증광문과에 급제하였고, 尙瑞院直長으로 仁穆大妃의 폐출을 겪었다. 1620년 사서를 거쳐 문학이 되고, 1624년 李适의 난이 일어나자 옥천군수로서 왕을 호위하였으며, 1627년 정묘호란 때 강화로 왕을 扈從하였다.

170 李判書許儉(이판서허검): 李希儉(1516~1579)의 오기. 본관은 全州, 자는 景質, 호는 東皐·菊齋. 李睟光의 아버지이다. 李樑을 탄핵하여 쫓겨나자 다시 우승지에 제수되었다. 1572년 進賀副使로 명나라에 다녀왔다. 이어 병조참의·대사헌을 거쳐 호조·형조·병조의 판서를 지내고, 知經筵事를 지냈다.

171 許監司曄(허감사엽): 許曄(1517~1580). 본관은 陽川, 자는 太輝, 호는 草堂. 許篈·許筠의 아버지이다.

172 金府院貴榮(김부원귀영): 金貴榮(1520~1593). 본관은 尙州, 자는 顯卿, 호는 東園. 1555년 을묘왜변이 일어나자 이조 좌랑으로 도순찰사 李浚慶의 종사관이 되어 光州에 파견되었다가 돌아와 이조정랑이 되었다. 1556년 議政府檢詳, 1558년 弘文館典翰 등을 거쳐, 그 뒤 漢城府右尹·춘천 부사를 지냈고, 대사간·대사헌·부제학 등을 번갈아 역임하였다. 선조 즉위 후 도승지·예조판서를 역임하고, 병조판서로서 지춘추관사를 겸하였으며, 1581년 우의정에 올랐고, 1583년 좌의정이 되었다가 곧 물러나 知中樞府事가 되었다. 1589년에 平難功臣에 녹훈되고

其數, 無慮四五百人。達城尉[173]亦赤脫, 直長縫襦衣[174]以救, 今復
來納春牟五石・粟五石・太五石。事自[175]內, 納粟【缺缺】石者, 堂
上賞加, 則此人之費穀活人者, 無慮四五百斛, 而所得只直長, 極
爲未安。此意狀啓似當, 而未知朝廷所聞, 能得此實蹟也。上年,
賊留吉州時, 會寧叛賊鞠敬仁[176]之【缺缺】, 朴順國等十一名, 張倭

---

上洛府院君에 봉해진 뒤 耆老所에 들어갔으나, 趙憲의 탄핵으로 사직했다. 1592
년 임진왜란이 일어나 천도 논의가 있자, 이에 반대하면서 서울을 지켜 명나라의
원조를 기다리자고 주장하였다. 결국 천도가 결정되자 尹卓然과 함께 臨海君을
모시고 함경도로 피난했다가, 회령에서 鞠景仁의 반란으로 임해군・順和君과
함께 왜장 加藤淸正의 포로가 되었다. 이에 임해군을 보호하지 못한 책임으로
관직을 삭탈당했다. 이어 다시 加藤淸正의 강요에 의해 강화를 요구하는 글을
받기 위해 풀려나 行在所에 갔다가, 사헌부・사간원의 탄핵으로 推鞫당해 회천으
로 유배 가던 중 중도에서 죽었다.

173 達城尉(달성위): 徐景霌(1579~1643)를 가리킴. 본관은 達城, 자는 子順, 호는
松岡. 아버지는 판중추부사 徐渚이며, 어머니는 礪山宋氏로 宋寧의 딸이다. 부
인이 선조의 딸이다. 1592년 貞愼翁主와 혼약하였으나 임진왜란이 일어나 혼례
를 올리지 못하고 宣祖를 호종하였다. 이듬해 환도한 뒤 혼례를 올려 達城尉에
봉해졌다. 정유재란 때는 선조의 총애를 받아 摠管兼尙方提調로서 항상 측근에
서 시종하였다.

174 襦衣(유의): 겨울옷. 남자가 입는 저고리. 가운데 솜을 넣고 안팎으로 생무명을
바쳐 추위를 피할 수 있도록 만들었다.

175 事自(사자): 事目의 오기.

176 鞠敬仁(국경인): 鞠景仁(?~1592)의 오기. 반란자. 본시 全州에 살다가 죄를 지
어 會寧으로 유배되었다. 뒤에 회령부의 아전으로 들어가 재산을 모았으나, 조
정에 대해서 원한이 많았다. 1592년 임진왜란 때 왜장 가토[加藤淸正]가 함경도
로 침입하여 회령 가까이에 이르자 경성부의 아전으로 있던 작은아버지 鞠世弼,
명천 아전 鄭末守 등과 함께 부민을 선동, 반란을 일으켰다. 이때 근왕병(勤王
兵: 왕을 측근에서 호위하는 병사) 모집차 이곳에 머무르고 있던 선조의 두 왕자
臨海君과 順和君 및 그들을 호종하였던 대신 金貴榮과 黃廷彧・黃赫 부자, 南

旗, 多載酒肉, 將向吉州賊藪, 時此直長同力斬殺投水。其時, 同
力鄭玉弼等四人, 而其中李希, 被人誣訴, 見誅於洪安接【世恭】
云, 有功之人, 終不能免禍, 不幸也, 可怪可痛。許直長, 明將還
北, 其家, 自明川[177]五息, 自臨瀛一息云。約於北巡時來見。是日
午夢, 生搏搤虎, 有班儀[178]而體亦甚大, 余大呼下人, 曰: "須使不
得傷人。" 仍以夢覺, 問傍人, 則果有呼人之聲云。搏虎之夢, 必
是將家吉兆, 可喜。南兵使鄭見龍[179], 馳報內, 今月二十二日, 至
鏡城[180], 與倭賊接戰, 斬倭頭四級, 奪倭馬五匹・釖十六柄, 上送
事云云, 故卽時成帖[181]狀啓。

---

兵使 李瑛, 회령 부사 文夢軒, 온성부사 李銖 등을 그 가족과 함께 잡아 적진에
넘겼다. 이에 가토에 의하여 判刑使制北路에 임명되어 회령을 통치하면서 李彦
祐・田彦國 등과 함께 횡포를 자행하다가 北評事 鄭文孚의 격문을 받은 회령유
생 申世俊과 吳允迪의 유인에 떨어져 붙잡혀 참살되었다.

177 明川(명천): 함경북도 남동부 동해 연안에 있는 고을. 동쪽과 남쪽은 동해, 서쪽
    은 길주군, 북쪽은 경성군과 접한다.

178 班儀(반의): 斑紋의 오기인 듯. 얼룩 반점 무늬.

179 鄭見龍(정현룡, 1547~1600): 본관은 東萊, 자는 雲卿. 1577년 무과 급제 후
    선전관이 되었고, 申砬의 천거로 등용되어 회령 부사, 종성부사, 북병사를 역임
    하였으며, 임진왜란 때 전장에서 여러 번 공을 세웠다.

180 鏡城(경성): 함경북도 중앙부 동해안에 있는 고을. 동쪽은 동해와 면하여 있고,
    서쪽은 무산군, 남쪽은 길주군과 명천군, 북쪽은 부령군과 접한다.

181 成帖(성첩): 서명날인을 하는 일.

## 8월 1일(임오). 맑음. 초양동에 있음.

이날 종전대로 망궐례(望闕禮)를 행하였다.

식후에는 이전처럼 근무하였다.

八月初一日(壬午). 晴. 在初陽洞.

是日, 依前行望闕禮. 食後, 坐起如前. ◇[182]

## 8월 2일(계미). 맑음. 초양동에 있음.

이전처럼 근무하였다.

김 상락(金上洛: 상락부원군 김귀영)의 노복들이 회령(會寧)에 갔다
가 오면서 지나갔는데, 상락의 부인이 임시로 회령에 매장되어 있
기 때문이었다. 제물(祭物)을 구하여 보내 주도록 홍 첨지(洪僉知:
홍세공)에게 알렸다. 김 상락 부인은 절의가 다른 사람과 마찬가지였
으나 미처 북쪽으로 순찰하지 못했기 때문에 한꺼번에 장계를 올릴
수가 없으니 한스러웠다.

八月二日(癸未). 晴. 在初陽洞.

坐起如前. ◇[183] 金上洛奴子, 以會寧往來事來過, 以上洛夫人

---

182 "是曉, 夢入宴席, 粉黛數三行, 周旋進退於樽俎之間, 一半手持蓮花燈, 是時
勝事, 甚可樂也. 覺來, 如有所得.(이날 새벽에 꿈에서 잔치 자리에 들어가니
곱게 화장한 미인들이 두서너 줄을 지어서 술좌석 사이를 주선하여 드나들었는
데, 반은 손에 연화등을 들었으니 가장 좋은 일이라서 매우 즐거웠다. 꿈에서
깨니 터득한 것이 있는 것 같았다.)"

183 "冶匠鄭甫致等, 願覓粮諸處. 此輩, 常時則無用處, 而若復方物封進, 則非此

權厝[184]於會寧故也。以祭物覓給事【缺】，通洪僉知。金上洛夫人，
節義一般，而時未北巡，故未得一時狀啓，可恨。◇[185]

---

人，無可造成之人，軍物打造亦重。而此輩，皆有妻屬，皆患飢乏，將不得保存
云。不得題給米鹽，營上布物而送.(야장 정보치 등이 식량을 찾아다니려고 하
였다. 이 무리는 평소에는 쓸 곳이 없었으나, 만약 다시 방물을 봉하여 올리려고
하면 이 사람들이 아니고서는 만들어 낼 사람이 없을 뿐 아니라 군수물자를 만들
어내는 것 또한 중하였다. 그런데 이 무리는 모두 처와 식솔들이 있고 전부 먹을
것이 없어서 장차 목숨을 보전할 수 없을까 근심한다고 하였다. 그래서 쌀과
소금은 제급할 수 없었지만, 감영에 있는 포목들을 보내 주었다.)"

184 權厝(권조): 정식으로 산자리를 쓸 때까지 임시로 시체를 매장해 두는 것. 사람
이 전쟁이나 위급한 상황에서 죽거나 혹은 좋은 산자리를 정하지 못한 상태에서
죽었을 경우 임시로 가매장하는 것이 權厝인데, 매장을 중시하는 유교적 장례
풍습에서 연유하였다.

185 "今朔入番，六吏房黃周弼，掌務玄忠傑，兵房康希善，監造殷士忠，紙筒李萬
龍，軍器色全繼洪，啓本色崔大海，監上李繼春，營吏房全壽湧，戶房金麒壽，
兵房金應四，刑房崔大淵，禮房金在鎔，六房番頭李千壽，色掌李仁弘，省記色
金應仁，傳語楊信，知印番頭金希彥，色掌文希弼，印色宋難壽，所志色元應
桂，公事色金世倫，東禁喧文希允，西禁喧金世俊，主事番頭李億，色掌李奉，
箭匠奴應男，刻匠金千鶴，木手全順和，醫生番頭李元長，色掌韓世番，律學番
頭全五倫，色掌金永貞 書者朴應津，馬頭金有之，首奴克興，廳直連松，營庫
直孝貞，城上奴良坦，硯直奴鵬耳，奴貴守，奴全弘，奴應甫，奴李生，奴崔男，
都使令鄭云石，驍衛牌頭宋安，羅將牌頭李文希，東禁喧李根，西禁喧車應千，
太平簫牌頭文昌根，吹螺牌頭崔進元，冶牌頭鄭甫致，甲匠牌頭朴千連，弓匠
牌頭崔應津·金彥傑，茶母婢大今，酒湯玉蘭香，逢點.(이달에 입번하는 육이
방 황주필, 장무 현충걸, 병방 강희선, 감조 은사충, 지통 이만룡, 군기색 전계
홍, 계본색 최대해, 감상 이계춘, 영이방 전수용, 호방 김기수, 병방 김응사,
형방 최대연, 예방 김재용, 육방번두 이천수, 색장 이인홍, 성기색 김응인, 전어
양신, 지인번두 김희언, 색장 문희필, 인색 송난수, 소지색 원응주, 공사색 김세
륜, 동금훤 문희윤, 서금훤 김세준, 주사번두 이억, 색장 이봉, 전장노 응남,
각장 김천학, 목수 전순화, 의생번두 이원장, 색장 한세번, 율학번두 전오륜,
색장 김영정, 서자 박응진, 마두 김유지, 수노 극흥, 청직 연송, 영고직 효정,

## 8월 3일(갑신). 맑음. 초양동에 있음.

이전처럼 근무하였다.

오후에 한희보(韓希寶)가 강서현(江西縣: 평안도 소재)에서 되돌아 왔는데, 행재소는 아주 평안하다고 하였다.

조보(朝報)를 보니 지난 7월 1일에 서명날인을 한 방어사(防禦使: 황해도 방어사) 최원(崔遠)·이시언(李時言) 등의 서장(書狀)에 의하면, "대개 신(臣)들이 진주(晉州)를 외곽에서 지원할 목적으로 삼가(三嘉)에서 군사들을 독촉할 때 벌거벗은 남자가 진주 근처의 수풀에서 천천히 걸어 나오기에 물어보았더니, '보령(保寧)에 사는 오로위(吳虜衛: 定虜衛의 오기) 인발(印潑)이오. 충청 병사(忠淸兵使)의 군관(軍官)으로 지난 6월 13일 함안(咸安)에서 진주로 들어갔는데, 왜적이 6월 22일 의령(宜寧)에서부터 마음대로 쳐들어와서 진주의 동문 밖 산 위에 주둔하였소. 당병(唐兵: 명나라 군사) 20여 명이 적의 형세를 보고는 성에서 즉시 나가버렸소. 그러나 우리나라의 제장(諸將)으로 창의사(倡義使: 김천일)·경상우병사(慶尙右兵使) 최경회(崔慶會)·충청병사(忠淸兵使) 황진(黃進)·진주목사(晉州牧使) 김시민(金時敏)·김해부사(金海府使) 이종인(李宗仁)·거제현령(巨濟縣令) 김준민(金俊民)·사천현감(泗川縣監) 정□(鄭□: 張潤의 오기)·태안군수(泰安郡守) 권희인(權希仁: 尹龜壽의 오기인 듯)·결성현감(結城縣監) 김응종(金應

성상노 양회, 연직노 붕이, 노 귀수, 노 전홍, 노 응보, 노 이생, 노 최찬, 도사령 정운석, 효위패두 송안, 나장패두 이문희, 동금훤 이근, 서금훤 차응천, 태평소 패두 문창근, 취라패두 최진원, 야패두 정보치, 갑장패두 박천연, 궁장패두 최응 진·김언걸, 다모비 대금, 주탕 옥란향을 점고하였다.)"

鍾: 金應健의 오기)·당진현감(唐津縣監) 송제(宋悌)·남포현감(藍浦縣
監: 李禮壽)·황간현감(黃澗縣監: 朴夢說)·보령현감(保寧縣監: 李義精)
등이 성을 지켰소. 같은 날 오후에 왜적 200여 명이 성 밑으로 진격
해와 오랫동안 접전하였는데, 왜적의 다수가 화살에 맞자 그것 때
문에 퇴각하였소. 23일부터 28일까지 왜적이 성을 사면에서 포위
하여 그 넓이가 5리 정도 되었는데, 나머지 군사들을 1일정이나 2일
정 되는 곳으로 분산하여 보내어서 사방 인근의 각 고을에 있는 높
은 산과 깊은 골짜기의 요해처에 가득히 모여 있도록 하면서 다수
매복해 아군의 사이를 격리하여서 밖으로부터 지원하지 못하도록
하였소. 또 대나무로 높은 사다리를 많이 만들어 그 사다리에 진흙
을 발라서 가지고 성안을 굽어보며 그 위에서 포를 쏘아대어 탄환이
비처럼 쏟아지므로 성안에서 탄환을 맞아 죽은 자가 하루에 100여
명이나 되었소. 병사(兵使) 황진(黃進)도 28일 이마에 탄환을 맞고
또한 즉사하였소. 29일 오후에 왜적의 모든 진(陣)이 성 밑에 어지
러이 육박해와 한꺼번에 성을 함락하니, 혈전을 벌였지만 이기지
못하여 성안의 장사(壯士)들과 대소 남녀들이 살았는지 죽었는지 확
실히 알 수가 없소. 나는 신북문(新北門)을 분담해 지키고 있었는데,
마음을 다하여 힘껏 싸웠으나 화살이 다 떨어지고 힘이 지쳐서 성
밖으로 추락하여 시체 더미 속에 묻혀 있다가 밤을 틈타서 몰래 나
와 산으로 올라가 힘들게 걸어가서 위와 같은 진주성이 함락된 연유
를 순찰사(巡察使)에게 나아가 고할 목적으로 나왔다가 척후장(斥候
將)에게 붙잡혀서 이렇게 나와서 고하오.'라고 하였습니다. 흉적의
칼날이 극성을 부려 진양(晉陽)이 함락되어서 일진(一陣)의 병마가

적의 손에 문드러졌으니, 매우 분통한 마음입니다. 그래서 신(臣)들이 바야흐로 진격을 도모하고 있습니다만, 거느린 군병이 숫자가 채 1천 명도 못 되고 또 장마를 겪어서 활과 화살의 아교가 녹아 풀어졌으며, 칼을 찬 자도 헤아려봐야 한두 명조차도 안 되는 데다 말은 말랐고 군량은 떨어져서 적에게 대응할 수가 없습니다. 군사들은 결연한 뜻이 없어 이를테면 아병(牙兵) 최린(崔麟) 등은 이미 도주해버렸습니다. 군대의 상황이 이에 이르렀으니 더욱 분통한 마음입니다."라고 하였다.

도원수(都元帥) 권율(權慄)의 서장(書狀)을 보니, "이번 7월 4일에 도착한 순변사(巡邊使) 이빈(李薲)이 치보(馳報: 급보)한 것에 의하면, '진주(晉州)에서 성을 함락시켰던 왜적이 성 밖에 진(陣)을 쳤다가 두 부대가 지리산(智異山)으로 향하였는데, 한 부대는 단성(丹城)으로 향해 오고 있으며, 다른 한 부대는 이미 단성을 지나 송계원(松溪院)에 진(陣)을 치고서 여염집을 분탕질하고 있다.'라고 이처럼 치보하였습니다.

당일 신시(申時: 오후 4시 전후)에 도착한 것으로 4일에 서명날인을 한 구례(求禮) 지경의 석주관(石柱關) 복병장(伏兵將) 고부군수(古阜郡守) 왕경조(王景祚)의 치보에 의하면, '흉적이 우리 군사가 매복하고 있는 10여 리 정도에서 진(陣)을 치자 우리 군사들이 전부 도망을 치니, 군수 및 전 판관(前判官) 노종령(盧從齡)과 전 만호(前萬戶) 신극시(申克澌), 군수가 거느린 군관(軍官) 3명, 활을 잘 쏘는 군사 2명, 아병(牙兵) 5,6명이 경계하고 지킬 방법이 없어 어찌할 바를 모르겠습니다.'라고 한 치보를 해왔습니다.

　광양(光陽) 지경의 두치(頭峙: 豆恥) 복병장 장흥 부사(長興府使) 류희광(柳希光: 柳希先의 오기)·구례현감(求禮縣監) 이원춘(李元春) 등이 이번 7월 4일 해시(亥時: 밤 10시 전후)에 시행한 치보에 의하면, '당일 이 시각에 말을 내달려 온 체탐인(體探人: 정탐꾼)의 보고에 진주(晉州)로 가는 횡포역(橫浦驛)의 각 마을이 분탕질을 당하였고 횡천강(橫川江)으로 무수히 침범해온다고 하는 데다, 하동(河東) 경내가 연기와 불꽃이 하늘을 뒤덮었지만 거느린 군사가 노약자를 아울러 300여 명이니 적들을 막아낼 방책이 없습니다.'라고 하며 치보한다고 하였습니다.

　산음(山陰: 山淸)의 왜적들은 우리 군사들이 차단하고 있던 두세 개의 길을 거치지 않고서 운봉현(雲峰縣) 지경의 지리산(智異山) 숲속과 계곡으로 무수히 잠입했다고 하는데, 필시 산으로 올라 고개를 넘어서 몰래 … (일부 누락: 해당 각주 부분 참고) … 등이 일시에 함께 일어나 무수히 활을 쏘며 엄습하니, 흉적의 전사자는 그 수를 알 수가 없었습니다. 아군이 승기를 타서 끝까지 추격하여 사살하기도 하고 베기도 하며 20리 밖에 이르렀는데, 아군은 한 사람도 다치지 않았습니다. 도중에 사 총병(査總兵: 사대수)의 파발이 홍계남(洪季男)이 참한 왜적의 머리를 강탈해갔는데, 왜적의 머리 및 군공의 문서를 마련하여 이미 도원수에게 보고하였습니다. 무릇 오늘의 승리는 모두 홍계남·최한(崔漢)·허응상(許應祥) 등 여러 장수로부터 말미암은 것이고 전투하는 진법(陣法)에 능숙한 소치이니, 각별히 논공행상하여서 후세 사람에게 권계(勸戒)로 삼으시길 망령스럽게 생각합니다.

　7월 8일 도원수(都元帥)의 전령(傳令)에 의하면, '전후로 배정해 보낸 군사를 모두 이끌어 거느리고 남원부(南原府)로 들어와 성을 지키되, 병사(兵使)에게도 전송하라고 하면서 당병(唐兵: 명나라 군사) 3천 명이 이미 성에 들어온 데다 뒤에 도착하는 당병들도 또한 많이 협력할 것이라 불리할 리가 전혀 없는데, 흉적이 천병(天兵: 명나라 군대)의 위세를 보면 또한 장차 싸우지도 않고 스스로 열등함을 깨달아 굽힐 것이니 십분 마음을 다하게 하라.'는 전령이었는바, 이달 8일에 군사를 거느리고 남원부(南原府)로 들어가 바로 천장(天將: 명나라 장수)들을 찾아가 만나니, 천장들이 평상에서 내려와 손을 잡고 말하기를, '장군이 외로운 군대로서 대규모 왜적의 선봉을 짓밟아 왜적을 물리치고 참살한 것은 나의 파발을 통해 들었는데, 정말 감사하기 그지없소. 다만 이곳의 인민은 다 도망가서 한 사람도 거주하는 자가 없으니, 비록 이곳을 지키려고 할지라도 누구와 더불어 지키겠소? 오늘 장군이 들어왔으니 협력하여 무찔러 없앱시다. 전쟁에서의 승패가 어찌 미리 정해졌겠으며, 오직 장군이 군사들의 마음을 진정시키고 군량을 마련하여 갖추어 두는 데에 달렸을 뿐이오.'라고 하는지라, 신(臣)이 대답하기를, '막중한 군무(軍務)는 그 책임이 내게 달려있으나, 군량 등의 일은 각자 책임지고 해야 할 일들이 있으니, 내가 노야(老爺: 명나라 장수)의 말을 가지고 즉시 도원수에게 아뢰겠다.' 답했습니다."라고 하였다.

　전라감사(全羅監司) 이정암(李廷馣)의 서장(書狀)을 보니, "이번 7월 7일 미시(未時: 오후 2시 전후)에 서명날인을 한 곡성현감(谷城縣監) 정대민(鄭大民)이 치보(馳報: 급히 보고함)한 것에 의하면, '6일에 구례(求禮) 지경 안의 곳곳에서 분탕을 친다고 들리는 것이 놀라워 모두 □□□를 정하여 체탐인(體探人: 정탐꾼)으로 급히 보냈는데, 당일 사시(巳時L 오전 10시 전후)에 살피고 돌아와 보고하기를,「왜적이 아닌 누구의 소행인지 경내(境內)에 있는 권문세가 부잣집만을 빈틈타고 불태워 없애버려 연기와 불길이 하늘을 뒤덮었으니 멀리서 보면 흉적의 소행과 같았으며, 관가도 지키고 보호하는 사람이 없어 모든 집물(什物)이 탕진되고 이리저리 흩어져 있어서 보이는 곳이라고는 마치 전란을 겪은 듯했다.」라는 보고에 근거하여 치보합니다.'라고 하였습니다.

8일에 서명날인을 한 곡성현감 정대민(鄭大民)이 치보(馳報: 급히 보고함)한 것에 의하면, '현감도 빈 관아를 외로이 지키면서 이전보다 배나 더 수호하고 있는데, 이달 7일 한밤중에 무뢰배 50여 명이 패거리를 지어 사창(司倉)·관청(官廳)·공아(公衙) 등을 한꺼번에 달려 들어와 전곡(錢穀) 및 관아의 여러 가지 물건들을 죄다 훔쳐서 가져갔지만, 겨우 네댓 명을 붙잡아서 형을 집행하여 효시하였습니다.'라고 치보하였습니다.

6일에 서명날인을 한 광양(光陽) 지경의 두치진(頭峙津) 복병장(伏兵將) 장흥부사(長興府使) 류희광(柳希光: 柳希先의 오기)·구례현감(求禮縣監) 이원춘(李元春) 등이 치보(馳報)한 것에 의하면, '대구(大邱: 大口의 오기인 듯)의 여울에서 왜적이 건너려 한다는 보고에 따라 복병장(伏兵將)이 추격할 목적으로 부사(府使)가 거느린 군관(軍官) 15명과 아병(牙兵) 10명, 구례 현감이 거느린 군관과 아병 모두 15명 및 승탄장(繩灘將) 봉사(奉事) 최계사(崔繼泗)·두치장(頭峙將) 전 만호(前萬戶) 소몽삼(蘇夢參)·전탄장(錢灘將) 봉사(奉事) 장업(張業) 등을 데리고 내달려 나아갔는데, 산으로 올라가서 멀리 바라보니 왜적의 무리가 널리 들판에 가득 포진하고 있어서 당장 진격할 수 없는 데다, 광양성(光陽城) 봉거창(蜂居倉: 蟾居倉의 오기) 북쪽의 소나무 숲에서 말을 탄 왜적 15명과 걸어오는 왜적 30여 명이 혹은 갓을 쓰거나 혹은 붉은 감투(甘套)를 쓰거나 혹은 패랭이를 쓴 채로 소와 말에 짐바리를 싣고서 망아지와 송아지 또한 끌고 오는지라 불의에 덮쳐 마구 활을 쏘아대니, 왜적들이 일시에 외치는 소리가 진동하며 아군과 한참 동안 서로 접전하여 다수를 쏘아 맞힐 즈음에 백기(白旗)를 세우고 말을 탄 왜적 50여 명과 걸어오는 왜적 100여 명이 총통(銃筒)을 가지고 칼을 휘두르면서 후방을 에워싸고 협공하려고 했으므로 부득이하게 회군했으나 아군은 한 명도 죽은 자가 없습니다. 대개 흉적이 이전보다 갑절로 위세를 부리고 방자하여 광양현(光陽縣)도 성을 지키려고 하나, 도리어 여염집이 모두 비어서 매우 걱정스러운 일인바, 치보합니다.'라고 하였습니다.

10일 술시(戌時: 저녁 8시 전후)에 서명날인을 한 병사(兵使) 선거이(宣居怡)가 치보(馳報: 급히 보고함)한 것에 의하면, '곡성(穀城: 谷城의 오기)·구례(求禮) 등 체탐진무사(體探鎭撫使) 김의(金義) 등이 당일 술시에 돌아와서 한 보고에서, 「남원(南原)의 부자 나진(羅進) 등의 살림집과 구례 광리(光里: 放光里의 오기인 듯)의 민가를 8일에 분탕질한 불의 맑은 연기가 지금까지도 꺼지지 않았다.」라고 하는 것은 피난해온 사람들의 말과 분탕한 곳에서 본 것으로 적의 자취가 없으며, 남원 땅 중방(中坊) 뒤의 봉우리에 올라가 바라보되 광양(光陽)

또한 연기가 하늘을 뒤덮고 있다.」는 보고에 따라 모두 치보하니 서로 비교하여 고찰하시되, 곡성 현감 정대민(鄭大民)의 치보에 있는 내용입니다만 구례(求禮)·남원(南原)·곡성(穀城: 谷城의 오기) 등 여러 곳에서의 분탕질은 왜적의 소행인지 아닌지는 명확히 알 수 없다고 하거니와, 도내(道內)의 인심이 진주(晉州)가 함몰되었다는 소식을 들은 뒤로부터 뜬소문을 퍼뜨려 그 기회를 이용해 난리를 일으키니, 집들을 불사르고 약탈한 것이 작년에 변란이 일어났던 초기와 같아서 풍문만 듣고도 도망가고 무너지니 매우 원통하고 분합니다.'라고 하였습니다. 광주 목사(光州牧使) 장의현(張義賢)을 독포장(督捕將)으로 일컬어 불렀는데, 각 고을의 수령 일동이 정예병을 뽑아 거느리고 난동부린 사람들의 자취를 찾아 체포하여 낱낱이 형벌을 가하도록 전령(傳令)하였고, 한편으로는 각 고을에 문서를 보내어 두루 알려주고서 백성들을 안정시키라고 하였습니다. 도원수(都元帥) 권율(權慄)은 아직도 남원(南原) 지경에 있고, 순변사(巡邊使) 이빈(李薲)·본도(本道: 전라도) 병사(兵使) 선거이(宣居怡)·조방장(助防將) 이계정(李繼鄭)·경변(京忭: 京圻의 오기) 조방장(助防將) 홍계남(洪季男) 등은 모두 남원부(南原府)에 모여 성을 지키고 있으며, 전후로 내려온 천장(天將: 명나라 장수) 7명 또한 같은 남원부에 머물며 힘을 합쳐 변란에 대비하고 있지만, 왜적의 선봉이 향하는 곳을 확실히 알 수 없으니 매우 염려스러워 우선 여러 사람이 치보한 것을 늘어놓았습니다.”라고 하였다.

7월 12일에 서명날인을 하였고 23일에 계하(啓下: 결재)한 같은 현감(縣監: 監司의 오기인 듯, 이정암)의 서장(書狀)의 대강을 보니, “양사형(楊士衡)이 치보(馳報: 급히 보고함)한 것에 의하면, '무장 현감(茂長縣監: 李中復)·당장(唐將: 명나라 장수) 등이 한꺼번에 진주(晉州) 왜적의 형세를 탐색했는데, 경내에는 이때 흉적이 없었으나 관청과 민가가 죄다 불에 타 버리고 성자(城子: 소규모의 요새)가 훼손된 데다 시체가 산더미처럼 쌓였으며, 앞으로 왜적은 의령(宜寧) 등지로 옮겨 주둔할 것입니다.'라고 하니, 방비하는 모든 일을 날마다 새로이 하여 변란에 대비해야 할 것입니다."라고 하였다.

7월 21일 관상감 정(觀象監正)이 아뢰기를, "이달 20일 밤 1경(一更: 저녁 8시 전후)에 혜성(彗星)이 점점 상행성(上行星) 쪽으로 옮겨 팔곡성(八穀星) 위에 있었는데, 형체가 점점 작아졌고, 광망(光芒: 빛살)이 동북쪽으로 뻗쳐 길이가 5~6자가량 되었으며, 색깔이 맑고 깨끗합니다. 4경(四更: 새벽 3시 전후)에 객성(客星)이 천창성(天倉星) 동쪽 제3성 내의 3촌쯤에 있었는데, 형색이 천창성보다 약간 작았습니다."라고 하였다.

22일 양사(兩司: 사헌부와 사간원)가 합계(合啓)하기를, "흉적이 창궐하여 더욱 그 악독함을 부려 제 나라로 되돌아갈 생각은 하지 않고 도리어 마음대로 우리나라를 집어삼키고자 하여 이미 진주(晉州)를 함락시키고서 호남(湖南)을 침략하고 있으니, 승승장구하는 형세를 장차 막아낼 수가 없습니다. 믿는 것이란 오직 천병(天兵: 명나라 군대)에게 달려있을 뿐이나, 제독(提督: 이여송)이 남하하겠다고 큰소리치면서도 실은 공격하여 무찌를 생각이 없습니다. 변방의 보고는 날로 급해지고 인심은 흉흉한데도 조정의 측근 신하들은 속수무책입니다. 오늘의 일은 반드시 주상께서 친히 제독부(提督府)에

나아가 정성을 다하여 위험이 박두하였음을 강력히 설명한 뒤에야
아마도 제독이 감동할 만한 이치가 있을 것입니다. 머나먼 길에 성
궁(聖躬: 임금의 몸)을 혹사하며 더위를 무릅쓰고 길을 가는 것이 미
안한 일임을 신(臣)들도 진실로 아오나, 국가의 형세가 위급하여 존
망의 결정이 호흡하는 순간에 달려있습니다. 자문(咨文: 공식적 외교
문서)으로 청하는 것이 아무리 부지런히 한다 해도 문구(文具: 실속은
없이 겉만 그럴듯하게 꾸밈)에만 붙좇을까 두려울 뿐이고, 수찰(手札:
손수 쓴 편지)이 아무리 간절하다 하더라도 직접 보고 호소하는 것만
못합니다. 청컨대 호종(扈從)할 신하를 뽑아 날을 정해 떠나시어 온
나라 신민(臣民)들의 바람에 부응하소서."라고 하니, 답하기를, "비
변사(備邊司)에 물어보라."라고 하였다. 비변사에서 장계(狀啓)를 올
려 말하기를, "국가의 형세가 위급하여 흥하고 망하는 기틀의 틈이
터럭도 용납할 수 없을 만큼 매우 급박한 상황이니, 모든 사람의
마음에 위태롭고 두렵게 생각지 않은 자가 없어서 주상께 친히 제독
부(提督府)에 가시기를 청하는 까닭입니다. 임금의 편지를 이제 막
보내는 것보다도 친히 걸어서 가시는 간절함만 같은 것이 없습니다.
그만두지 않으신다면 차츰 전진하며 형세를 보아 제독부로 가셔서
한편으로는 대응의 방도에 편케 하고 다른 한편으로는 온 백성들의
바람에 부응하는 것 또한 하나의 방책입니다. 감히 아룁니다."라고
하니, 답하기를, "내가 먹지 못한 것이 이미 1달 남짓이 되었고 또
며칠 전부터 상한증(傷寒症: 감기)에 걸려서 어제의 게첩(揭帖: 간단한
공문서)도 병을 무릅쓰고 무리하게 억지로 썼으니, 이것을 좌우의
아랫사람들이 모두 보았다. 이때 비록 길을 나서고자 하여도 형편

이 하기가 어렵다. 아, 죄악이 크고 중한 내가 감히 이렇게 그대로 임금의 자리에 무릅써 앉아 있으며 즉시 물러나지 않기 때문에 하늘이 반드시 노하여 지금에 이르러 이러한 질병을 내린 것인가? 또 임금은 동작(動作)을 반드시 깊이 생각해서 해야 하고 경솔히 해서는 안 된다. 들건대 왜적이 경성의 당인(唐人: 명나라 사람)과 서로 뒤섞여 있다 한다. 이 왜적들은 바로 제 나라로 돌아갈 자들이니, 우리나라의 임금과 신하들이 정처 없이 떠돌아다니며 외롭고 위태로운 모습을 보게 해서는 안 된다. 그리고 또 뜻밖의 변고가 생기지 않으리라고 어찌 알겠는가. 우리나라 사람들은 본디 계책을 꾸밀 줄 알지 못하고, 저 왜적들은 간사한 꾀가 막심하므로, 아울러 언급하는 것이다."라고 하였다. 비변사의 장계 내용 중에는, 「"현감(縣監) 윤수연(尹粹然, 협주: 공(公)의 동생)이 이전 양천(陽川) 재임 시에 군인들을 불러 모아서 여러 차례 접전하여 왜적을 참획(斬獲)한 것이 많다고 하니, 경기체찰사(京畿體察使) 권징(權徵)의 장계를 참고하여 수하군(手下軍)이 참한 것이 왜적 11명의 목을 베었다면 사목(事目: 규정)에 따라 승진시키는 것이 어떻겠습니까?"라고 하자, 답하기를, "아뢴 대로 하라."라고 하니, 24일 인사이동에서 군자첨정(軍資僉正) 겸 포천현감(抱川縣監)이 되었다.」라고 하였다.

이날 감영(監營)의 구실 희수(希守)가 용만(龍灣)에서 돌아왔는데, 이 서방(李郞: 李幼深)의 안부 편지를 가지고 왔으며, 대부인(大夫人: 윤탁연의 모친 안동 김씨) 및 다른 일가 사람들도 모두 겨우 무사하다고 하였다. 이 서방의 편지에 이르기를, "관(棺)을 짊어 메고 돌아가고자 하였지만 파산(坡山: 파주)에 임시로 매장하고 돌아왔는데, 장차 반드시 겨울철이 이를 것이나, 의복이 얇으니 걱정입니다."라고 하였다.
이곳에서도 한 자의 베조차 구할 길이 없어서 또한 답답하였다.

한희보(韓希寶)가 또 황회원(黃會元: 황여일)의 편지를 가지고 왔는
데, 그 편지에 이르기를, "요사이 조정의 의론이 더욱 괴이하여 논
핵(論劾)하기까지에 미친 것을 듣고 원통함이 뼈에 사무쳤습니다."
라고 하였으나, 내가 논핵을 당한 것은 으레 있는 일이었으니, 괴이
하게 여길 것이 무엇이 있겠는가? 그 편지에 또 이르기를, "부산(釜
山)에 머물러 있던 왜적이 다시 제 마음대로 으르렁거리며 남쪽의
땅을 계속 집어삼키려고 진주성(晉州城)을 한 번에 함락시켰으니,
호남 전역이 떨 만큼 매우 엄중합니다. 오직 홍계남(洪季男)만이 왜
적의 예봉을 꺾은 것밖에 다시 다른 사람이 승리했다는 소리가 없습
니다. 다만 듣건대 구례(求禮)의 왜적은 진짜 왜적이 아니고 곧 난민
(亂民)이었는데, 뿌리가 이어 뻗는 것처럼 광양(光陽)에도 장차 안팎
으로 넘쳐날 형세라고 하니, 더욱 한심스럽습니다. 남원(南原)은 낙
참장(駱參將: 駱尙志)·송 유격(宋遊擊: 宋大斌) 등이 아군과 함께 굳
게 지키고 있자, 왜적이 감히 접근하지 못하였고 구례로 향하던 적
선(賊船) 100여 척도 자기 나라로 되돌아갔다고 합니다. 또 듣건대
평행장(平行長: 小西行長, 고니시 유키나가)이 공(功)을 시기하여 쌓인
울분 때문에 먼저 수길(秀吉: 豐臣秀吉, 도요토미 히데요시)에게 가서
청정(淸正: 加藤淸正, 가토 기요마사)을 참소(讒訴)하니, 수길이 청정
의 식솔들을 죄다 죽였으므로 청정은 호남(湖南)의 두어 고을들을
도륙하여 죄를 씻을 계획이라고 합니다만, 이 말은 적확하지 않은
듯합니다. 송 경략(宋經略: 송응창)이 의지하고 중하게 여긴 이는 바

로 유정(劉綎)이나, 유정과 이여송(李如松)이 서로 불화하여 제장(諸將)들이 딴마음을 품고 각기 제 마음대로 하니 경략의 호령이 두루 행해질 수가 없는 데다, 이여송이 심유경(沈惟敬)과 음모를 꾸며 한결같이 왜적을 희롱하니, 실로 통탄할 만한 일입니다. 심유경이 조공(朝貢)하려는 왜를 이끌고 이미 기경(箕京: 평양)으로 향했는데, 경략(經略: 송응창)은 우리나라가 자문(咨文: 공식 외교문서)을 통해 청한 것으로 말미암아 잠깐 심유경을 한양 도성에 구류(拘留)시키고 조공하려는 왜를 오도록 허락하지 않았었으니, 이후로 어떻게 처리될지 알지 못하겠습니다. 얼핏 듣건대 경략이 심유경에게 죄주기를 청하여 아뢰면 곧바로 군법(軍法)을 행할 수가 있고, 우리나라 또한 심유경의 죄상을 낱낱이 죽 늘어놓아 아뢴다고 합니다."라고 하였다. 이 편지는 7월 24일 행조(行朝: 행재소)에 있으면서 쓴 것이었다. 이 종사(李從事: 거산 찰방 李春祺인 듯)가 상경하여 지금 병부(兵部)에 들어가 있는데, 역시 25일에 쓴 편지에 있는 그의 말도 회원(會元: 황여일)과 마찬가지였다.

7월 23일에 계하(啓下: 결재)한 홍계남(洪季男)의 서장(書狀)을 보니, "남원(南原)·구례(求禮) 지경의 우회로에 있던 창고들을 왜적들이 분탕질할 때 도원수(都元帥) 김명원(金命元)이 명령을 내리자, 드디어 홍계남·허응상(許應祥) 등이 좌우의 복병들과 한꺼번에 돌연히 일어나 비 오듯이 마구 쏘아대니 왜적들이 달아나거늘 30여 리를 추격하여 왜적들을 참살하였습니다. 오 총병(吳總兵: 吳惟忠)은 성안에서, 홍계남은 북문에서, 이빈(李薲)은 상아(上衙)에서, 선거이(宣居怡)는 북문에서 성을 지켰습니다."라고 하였다.

7월 24일에 동생 봉사(奉事: 셋째 동생 윤호연)의 편지가 왔는데, 그 편지에 이르기를, "아내와 자식을 버리고 식읍(食邑)이 있는 곳으로부터 와서 신원(信元, 협주: 봉사공의 아들)을 □□ 고을로 보내려고 하니 부자간의 정으로 차마 멀리 떠나보내지 못하였으며, 좌랑(佐郞: 윤탁연의 장남 윤경원)의 식솔들은 이문백(李文白: 양성 좌수)의 집으로 돌아갔습니다."라고 하였으니, 저도 모르게 눈물이 떨어졌다. 동생(윤호연)이 공릉(恭陵, 협주: 봉사공이 일찍이 공릉 참봉을 함)에 있었을 때 적 1명의 머리를 베었고 또 제기(祭器) 전부를 우상(右相: 우의정)에게 바쳤다고 하였다.

이날 저녁에 진전(眞殿)을 옮겨 봉안할 날짜가 정해져 내려와서 즉각 파발마를 출발시켜 문서를 영흥(永興)으로 보내었고, 마부와 말을 모으는 일로 서자마두(書者馬頭)를 덕산역(德山驛)으로 급히 보냈다.

八月初三日(甲申)。晴。在初陽洞。

坐起如前。◇[186] 午後, 韓希寶回自江西, 行在萬安。見朝報, 則去七月初一日成帖, 防禦使崔遠[187]·李時言[188]等書狀內[189], 大槩

---

186 "營吏金麟壽遞去, 金繼齡·金應肅處, 食物題給事, 敎送.(감영의 구실 김인수가 교체되어 갔는데, 김계령·김응숙에게 먹을거리를 제급해 주도록 일러 보냈다.)"

187 崔遠(최원, 생몰년 미상): 1580년 전라도병마절도사가 되고, 1592년에 임진왜란이 일어나 군사 1,000명을 거느리고 의병장 金千鎰, 月串僉節制使 李蘋과 함께 礪山에서 적군의 진출을 막아 싸웠다. 1593년 永德으로 나가 왜군을 격파하고 200여 명을 참획, 그 공으로 상호군에 승진되었다. 1596년 황해도병마절도사를 거쳐, 1597년 정유재란이 일어나자 중앙으로 들어와서 한강 수비의 소임을 맡았다.

臣等, 以晉州外援次, 自三嘉催軍之時, 有赤脫男人, 自晉州草
莽, 寸寸步來, 問之, 則'保寧[190]居吳虜衛[191]印潑也. 以忠淸兵使
軍官, 去六月十三日, 自咸安入晉州, 同月二十二日, 自宜寧[192]無
段衝火[193], 同州東門外山上屯聚. 唐兵二十餘名, 見賊勢, 卽爲出
去. 而我國諸將倡義使[194]·慶尙右兵使崔慶會[195]·忠淸兵使黃

---

188 李時言(이시언, 1579~1624): 1589년 李山海의 천거로써 무관직에 등용, 이듬
   해 司果에 승진, 여러 내외 무관직을 거쳐 1592년 上護軍이 되었다. 이해 임진
   왜란 중에 황해도 左防禦使에 이어 충청도 병마절도사로서 경주 탈환전 때 의병
   장 鄭起龍·權應洙와 합세, 명나라 원군과 연합하여 공을 세웠다. 1594년 전라
   도 병마절도사가 되고 1601년 李夢鶴의 난을 평정하는 데 공을 세웠으며, 1617
   년 훈련대장에 이어 1623년 巡邊副元帥가 되었다가 이듬해 李适의 난이 일어나
   자 반란에 가담할 우려가 있다 하여 인조가 公州로 피난하기 전 奇自獻 등이
   처형될 때 그 일파로 몰려 사형되었다.
189 《선조실록》 1593년 7월 16일 4번째 기사임.
190 保寧(보령): 충청남도 서부에 있는 고을. 동쪽은 청양군·부여군과 접하고 서쪽
   은 서해에 면하며, 남쪽은 서천군, 북쪽은 홍성군과 접한다.
191 吳虜衛(오로위): 定虜衛의 오기. 조선 중기에 閑良을 선발하여 조직한 군대.
   1512년 6월에 처음 설치되어 광해군 무렵까지 존속하였다.
192 宜寧(의령): 경상남도 중앙에 있는 고을. 동쪽은 창녕군, 동남쪽은 함안군, 서쪽
   과 북쪽은 합천군, 서남쪽은 진주시와 접한다.
193 衝火(충화): 衝突의 오기인 듯.
194 倡義使(창의사): 金千鎰(1537~1593)을 가리킴. 본관은 彦陽, 자는 士重, 호는
   健齋·克念堂. 1592년 임진왜란 때 나주에 있다가 高敬命·朴光玉·崔慶會 등
   과 함께 의병을 일으켰다. 선조가 피난 간 평안도를 향해 가다가, 왜적과 싸우면
   서 수원의 禿山城을 점령하였고 용인의 金嶺(지금의 경기도 용인시 처인구 역북
   동 일대) 전투에서 승리한 뒤 강화도로 들어갔다. 용인전투는 의병에게는 첫 번
   째 승리를 안겨주었기 때문에 그 공으로 判決事가 되고 倡義使의 호를 받았다.
   왜적에게 점령된 서울에 결사대를 잠입시켜 싸우고, 한강변의 여러 적진을 급습
   하는 등 크게 활약하였다. 다음해 정월 명나라 제독 李如松의 군대가 개성을

進[196]·晉州牧使金時敏[197]·金海府使李宗仁[198]·巨濟縣令金俊

---

향해 남진할 때, 그들의 작전을 도왔다. 또한 왜군이 남쪽으로 퇴각하자, 절도사 최경회 등과 함께 晉州城을 사수하였다. 그 뒤 진주성을 지킬 때 백병전이 벌어져, 화살이 떨어지고 창검이 부러져 대나무 창으로 응전하였다. 마침내 성이 함락되자 아들 金象乾과 함께 南江에 투신하여 자결하였다.

195 崔慶會(최경회, 1532~1593): 본관은 海州, 자는 善遇, 호는 三溪·日休堂. 전라남도 陵州 출신이다. 1561년 進士가 되고, 1567년 式年文科에 급제, 寧海郡守가 되었다. 1592년 임진왜란 때 의병장이 되어 錦山·茂州 등지에서 왜병과 싸워 크게 전공을 세워 이듬해 경상우도 兵馬節度使에 승진했다. 그해 6월 제2차 晉州城 싸움에서 9주야를 싸우다 전사했다.

196 黃進(황진, 1550~1593): 본관은 長水, 자는 明甫, 호는 蛾述堂. 1576년 무과에 급제, 선전관을 거쳐 1591년 조선통신사 黃允吉을 따라 일본에 다녀와 미구에 일본이 來侵할 것을 예언하였다. 1592년 임진왜란이 일어나자 同福 현감으로 勤王兵을 이끌고 북상하여 龍仁에서 패전하고 이어 鎭安에서 왜적의 선봉장을 사살한 뒤 적군을 安德院에서 격퇴하고, 훈련원 判官이 되어 梨峙전투에서 적을 무찔렀다. 그 공으로 益山 군수 겸 충청도 助防將에 오르고, 절도사 宣居怡를 따라 水原에서 싸웠다. 이듬해 충청도 병마절도사에 승진하여 패퇴하는 적을 추격, 尙州에 이르는 동안 連勝을 거두고, 적의 대군이 晉州城을 공략하자 倡義使 金千鎰, 절도사 崔慶會와 함께 성중에 들어가 9일 동안 혈전 끝에 전사하였다.

197 金時敏(김시민, 1554~1592): 본관은 安東, 자는 勉吾. 1578년 무과에 급제했다. 1591년 晉州判官이 되었고, 이듬해 임진왜란이 일어나자 죽은 牧使 李璥을 대신하여 城池를 수축하고 무기를 갖추어 진주성을 지켰다. 이후 곽재우 등 의병장들과 합세하여 여러 차례 적의 공격을 막아내고 고성과 창원 등지의 성을 회복하는 등의 공로로 8월 진주목사에 임명되었다. 9월에는 적장 平小太를 사로잡는 전공을 세웠으며, 10월에는 왜군이 대대적으로 진주성을 공격하였다. 당시 진주성을 지키고 있던 그는 3,800여명의 군대를 이끌고 적장 長谷川秀一가 이끄는 2만의 군대를 맞아 승리를 거두었다. 진주성 안에서의 전체적인 지휘를 그가 이끌었으며, 곽재우, 최경회 등 의병장들이 적군의 배후를 위협하는 도움을 받아 전투가 진행되었다. 10월 5일부터 11일까지 실시된 이 전투에서 마지막날 적의 대대적인 총공세를 맞아 동문을 지키던 김시민 장군이 적의 탄환을 맞아 쓰러지자 곤양군수 이광악이 대신 작전을 지휘해 승리를 거두었다. 이 전투를 임진왜란 3대 대첩의 하나로 꼽기도 한다.

民<sup>199</sup>·泗川縣監鄭□<sup>200</sup>·泰安郡守權希仁<sup>201</sup>·結城縣監金應鍾<sup>202</sup>·
唐津縣監宋悌<sup>203</sup>·藍浦縣監<sup>204</sup>·黃澗縣監<sup>205</sup>·保寧縣監<sup>206</sup>等, 守

---

198 李宗仁(이종인, ?~1593): 본관은 開城, 자는 仁彦. 일찍이 무과에 급제, 임진
　　왜란으로 1593년 晋州城이 포위되자 金海府使로서 군사를 이끌고 진주성으로
　　들어가 방어의 전략을 세웠으나, 끝내 전사하였다.

199 金俊民(김준민, ?~1593): 본관은 商山, 자는 成仁. 거제현령으로 있던 1592년)
　　임진왜란이 일어나자 陜川假將으로 鄭起龍·曹慶亨·鄭邦俊 등과 진주성 전투
　　에 참여, 의병을 이끌고 茂溪縣에서 왜적의 대부대를 격파하고, 다음 해에는
　　倡義使 金千鎰, 충청병마사 黃進, 경상우병사 崔慶會 등 2,700여 인이 진주성
　　을 지키고 있을 때 사천 현감으로 참가하여 왜적 6~7만 대군과 맞서 성의 동문
　　을 고수하려고 악전 분투하다가 전사하였다.

200 鄭□(정□): 張潤(1552~1593)의 오기. 본관은 木川, 자는 明甫. 1582년 무과에
　　급제하여 북도 변장을 제수받았다. 아버지의 병환으로 벼슬을 버리고 낙향하여
　　간호하다가 1588년에 다시 선전관에 임명되고 훈련원정을 거쳐 사천 현감에 제
　　수되었다. 1592년 임진왜란이 일어나자 全羅左義兵副將이 되어 장수현에 주둔
　　하여 적을 방어하다가 星山·開寧에서 왜적과 전투를 벌여 큰 전과를 올렸다.
　　1593년 진주성 전투에서 전사하였다.

201 權希仁(권희인, 1558~1593): 본관은 安東, 자는 士安, 호는 參巖. 옥천군수 겸
　　충청도 조방장을 지냈으며, 경상남도 고성군 永善 전투에서 전사한 인물이다.
　　따라서 착종이다.《선조실록》에는 尹龜壽로 나오나 인적 정보를 알 수가 없는
　　데, 다만 1583년 4월 18일 1번째 기사에서 朱乙溫萬戶로 나온다.

202 金應鍾(김응종): 金應健(?~1593)의 오기. 본관은 善山, 자는 景以. 1583년 별
　　시에 급제하였다. 結成縣으로 있을 때 임진왜란이 일어나자, 병사를 모집하
　　고 훈련시켜 晉州城으로 들어가 왜적과 혈전하다가 전사하였다.

203 宋悌(송제, 1547~1593). 본관은 南陽, 자는 維則, 호는 梅窩. 奉常寺僉正에
　　천거되어 藍浦와 唐津縣監을 지냈다. 1592년 임진왜란이 일어나 창의하여 절도
　　사 黃進과 합류하여 진주를 지키다가 전사하였다.

204 藍浦縣監(남포현감): 李禮壽(생몰년 미상). 남포현감 재임 중에 임진왜란이 일
　　어났는데, 의병을 모집하여 인솔하고 진주 전투에 참전하였으나 끝내 전사했다.

205 黃澗縣監(황간현감): 朴夢說(1542~1593). 본관은 蔚山, 자는 汝賚. 1583년 별
　　시에 급제하였다. 황간 현감으로서 진주성 전투에 참전했다가 전사하였다. 任憲

城。同日午後, 倭賊二百餘名, 進迫城底, 良久(接戰), 倭多數逢箭, 以此退兵。二十三日以二十八日至, 倭賊圍城四面, 其廣至於五里, 散遣餘兵, 或一日程, 或二日程, 四隣各官, 高山深谷要害處, 彌漫屯聚, 多數設伏, 使我軍彼此阻隔, 不得外援。又以竹木, 多作高梯, 塗以泥土, 俯壓城內, 放炮其上, 注丸如雨, 城中逢丸致死, 日至百餘人。兵使黃進段, 二十餘日[207], 額上逢丸, 亦爲卽死。二十九日午後, 擧陣亂迫城下, 一時陷城, 血戰不勝, 城中壯士, 大小男女, 其生其死, 的知不得【爲在果[208]】。矣身段, 分衛新北門, 盡心力戰【爲白如可[209]】, 矢盡力疲, 墜落城外, 埋於積屍中, 乘夜潛出, 登山艱步, 右良[210]陷城緣由乙, 進告于巡察使次, 以出【爲白如可】, 斥候將處被捉【爲乎旀[211]】, 進告【是白爲(有)亦[212]】。兇鋒猖獗, 晉陽見陷, 一枝兵馬, 糜爛於賊手, 極爲痛心。臣等方圖進取之計, 所率軍兵, 數不滿千, 且經霪雨, 弓矢膠解, 佩刀者, 計無一二, 馬瘦粮盡, 無以應敵。士無固志, 如牙兵崔麟等, 已爲逃走。

---

晦의《鼓山先生文集》권11〈黃澗縣監朴公神位壇碑〉에 자세하다.

206 保寧縣監(보령현감): 李義精(1555~1593). 본관은 河陰, 자는 宜仲. 1583년 무과에 급제하였다. 1592년 임진왜란이 일어나자 의병을 모집하여 1593년 진주성 전투에 참전했다가 전사하였다.

207 餘日(여일): 八日의 오기.

208 爲在果(위재과): 이두 표기. ~하지마는.

209 爲白如可(위백여가): 이두 표기. ~하옵다가.

210 右良(우량): 이두 표기. 위와 같은.

211 爲乎旀(위호며): 이두 표기. ~하며.

212 是白爲亦(시백위역): 是白有亦의 오기. 이두 표기. ~이었사와요.

輩情²¹³至此, 尤爲痛心."云。都元帥權慄書狀, "今七月初四日到付, 巡邊使李蘋馳報內, '晉州陷城之賊, 城外結陣【爲白如可】, 二運則智異山了指向, 一運段丹城²¹⁴了向來, 一運段已過丹城, 松溪院²¹⁵結陣, 閭家焚蕩.'【如是馳報爲白遣²¹⁶】。當日申時到付, 初四日成帖, 求禮²¹⁷地石柱²¹⁸伏兵將古阜郡守王景祚²¹⁹馳報內²²⁰, '匈賊自伏兵(處)十里許, 結陣【爲白在果】, 軍人等, 全數逃亡, 郡守及前判官盧從齡²²¹·前萬戶申克漸(瀿)·郡守所率軍官三名, 能討²²²二名, 牙兵五六名, 把守無策, 罔知所爲.'【爲白乎所²²³】, 馳報【爲白

---

213 輩情(군정): 軍情의 오기인 듯.

214 丹城(단성): 경상남도 산청군 남동부에 있는 고을. 동쪽은 신안면과 진주시 명석면, 북쪽은 산청읍, 남쪽은 하동군 옥종면과 진주시 수곡면·대평면, 서쪽은 삼장면·시천면에 접한다.

215 松溪院(송계원): 경상남도 산청군 신안면 외송리에 있었던 驛站. 金正浩의《大東地志》에서는 산청현 북쪽 25리에 松溪部曲이 있었고, 驛院 부분에서 松溪院이 있었다고 하였다.

216 爲白遣(위백견): 이두 표기. ~하시니.

217 求禮(구례): 전라남도 북동에 있는 고을. 동쪽은 경상남도 하동군, 서쪽은 곡성군, 남쪽은 순천시와 광양시 북쪽은 전라북도 남원시와 접한다.

218 石柱(석주): 石柱關. 전라남도 구례군 토지면 송정리. 경상도지방에서 전라도지방으로 통하는 관문으로서 군사전략상 매우 중요한 곳이었다. 안음의 황석산성·진안 웅치·운봉 팔량치와 함께 영남과 호남 사이의 4대 관문의 하나로, 고려 때부터 이곳에 진영이 설치되어 왜군의 침략을 막았다.

219 王景祚(왕경조, 1547~?): 본관은 開城, 자는 應修. 1572년 별시에 급제하였다. 고부군수를 지냈다.

220《宣祖實錄》1593년 7월 20일 9번째 기사임.

221 盧從齡(노종령, 생몰년 미상): 본관은 交河, 자는 成老.

222 能討(능토): 能射의 오기. 활을 잘 쏘는 군사.

遣】. 光陽[224]地頭峙[225]伏兵將長興府使柳希光[226]·求禮縣監李元
春[227]等, 今七月初四日亥時施行馳報內, 當日此刻馳來體探人進
告內, 晉州了橫浦驛[228], 各里焚蕩, 此江了以無數來犯【是如[229]】進
告, 河東[230]境內, 煙焰漲天【爲乎矣[231]】, 所率(軍)老弱幷三百餘名,

---

223 爲白乎所(위백호소): 이두 표기. ~하온 바.

224 光陽(광양): 전라남도 남동부에 있는 고을. 동쪽은 섬진강을 경계로 경상남도
   하동군, 서쪽은 순천시, 남쪽은 광양만, 북쪽은 구례군과 접한다.

225 頭峙(두치): 전라남도 광양시 다압면 섬진리의 나루. 오늘날 豆恥津으로 표기한다.

226 柳希光(류희광): 柳希先(1541~1593의 오기. (이하 동일)《宣祖實錄》1591년 1월
   5일 1번째 기사에 의하면, 류희선을 장흥 부사에 제수하였다. 본관은 文化, 자는
   善述. 아버지는 어모장군 柳墻이고, 사위는 宋駬과 朴淳이 있다. 장흥 부사이자
   전라도 복병장으로서 두치 나루를 지키던 중, 왜적이 온다는 말만 듣고 달아나면
   서 광양과 순천 등지에 왜적이 몰려온다고 헛소문을 퍼뜨린 인물이다. 이로 인해
   피란민들이 곡식 창고에 물을 지르고 식량을 약탈하는 등 전라도 남쪽 일대가
   혼란에 빠졌다. 이후 임금의 명에 따라 처형되었다.

227 李元春(이원춘, ?~1597): 1584년 북방의 權管에 임명되었다. 1592년 임진왜란
   이 일어나자 도체찰사 鄭澈의 명령으로 구례현감으로서 운봉현감 南侃과 함께
   전라좌도의 관병 5,000여 명을 거느리고, 영남의병장 鄭仁弘, 호남의병장 崔慶
   會 등과 성주를 협공하였으나 실패하였다. 구례는 왜적이 영남으로부터 兩湖로
   들어가는 요충지이므로 도체찰사 李元翼에 의하여 助防將에 임명되어 지켰다.
   그러나 1597년 왜적이 다시 침범하여 남원성을 포위하고 맹공을 퍼붓자, 구례현
   감으로 남원성을 지키다가 전사하였다.

228 橫浦驛(횡포역): 경상남도 하동군 횡천면에 있었던 역참. 경상남도 서부와 중앙
   을 연결하기 위하여 설치되었다. 이 앞에 橫川江이 흐르고 있다.

229 是如(시여): 이두 표기. ~이다.

230 河東(하동): 경상남도 서쪽 끝에 있는 고을. 동쪽은 진주시·사천시, 서쪽은 전
   라남도 광양시·구례군, 남쪽은 남해군, 북쪽은 산청군·함양군 및 전라북도 남
   원시와 접한다.

231 爲乎矣(위소의): 이두 표기. ~하되.

以禦賊無策【爲乎所[232]】, 馳報【爲白遣】。山陰[233]之賊段, 不由遮截數三之路, 雲峰縣[234]境智異山林藪溪谷, 以無數潛入【是如爲白去等[235]】, 必是登山踰嶺, 潛◇[236]等, 一時幷起, 無數發射掩擊, 則兇

232 爲乎所(위호소): 이두 표기. ~하온 바.

233 山陰(산음): 山淸. 경상남도 서북에 있는 고을. 지금은 산청과 丹城의 두 고을이 통합되어 산청군이 되었다. 동쪽은 합천군과 의령군, 서쪽은 함양군, 남쪽은 진주시와 하동군, 북쪽은 거창군과 접한다.

234 雲峰縣(운봉현): 전라북도 남원시 동부에 있는 고을. 당시에는 引月驛이 있어 함양과 연결되었고, 남원·구례·곡성 등지와 이어지는 도로가 발달하였다.

235 是如爲白去等(시여위백거등): 이두 표기. ~이라고 하옵는데.

236 "出我軍之後爲臥乎, 凶計是白齊。巡邊使李薲, 平安道新及第精兵, 幷八十餘名乙, 立功自效, 置簿爲白有在, 金命弼·張志成·高得宗等定將, 幷以前赴賊勢最急處馳進, 亦傳令爲白齊。駱·宋兩將段, 昨昨到求禮爲白有如可, 今聞賊勢, 將返南原是如爲白乎旀, 査摠兵段置, 雖到南原, 軍卒時未准到, 極以爲慮事。巡邊使李薲書狀, 今月初四日到, 都元帥權慄回送內, '大賊充斥, 將向湖南, 孤軍以留駐山陰, 別無所爲之事, 全羅兵使宣居怡乙良, 雲峯登高峙把截, 臣乙良, 八良峙來到, 把截.'亦爲白去乙, 行軍計料次, 直路伏兵將李應彪馳報內, '賊倭多張旗幟, 不知其數, 向來.'是如爲白去乙, 助防將洪季男等, 定捍後, 卽令埋伏灘邊林藪, 突擊掩襲亦爲白遣, 行軍向來八良峙爲白如乎, 同賊越江次, 同捍後將等, 大呼急擊, 則賊徒退去。初五日到, 都元帥權慄傳令內, '倭賊已犯求禮境, 馳到南原宿城峙把截.'亦爲白去乙, 同峙馳到, 都元帥又爲傳令曰: '求禮賊來, 焚蕩之言, 則我民等, 自焚其家也。石柱等處, 無人把守, 卽往同處把截.'亦爲白去乙, 卽日判官金玄成定將, 體探爲白遣, 永川郡守洪季男等, 爲先入送, 同洪季男等, 給精兵, 東還設伏。凶賊先鋒, 入伏內爲白去乙 同伏兵將.(아군의 후방으로 나오려는 흉계일 것입니다. 순변사 이빈이 평안도의 새로 급제한 정예병 모두 80여 명을 스스로 노력하여 공을 세우도록 했다며 문서에 기록하였는지라, 김명필·장지성·고득종 등을 장수로 정하여 앞에서 적의 형세가 가장 급한 곳으로 나아가 달려가도록 또한 명령을 전하게 하였습니다. 낙상지와 송응창 두 장수는 그저께 구례에 도착하였다가 지금 적의 형세를 듣고서 장차 남원으로 돌아가려고 하며, 사대수 총병도 비록 남원에 도착했을지라도 군졸이 때맞춰 아직 도착하지 않아 매우 걱정거리로 여기고 있습니다.

賊戰死者, 不知其數。我軍乘勝嚴追[237], 或射或斬, 至二十里外,
我軍段, 無一人致傷。中路, 查摠兵擺撥兒, 强奪洪季男[238]所斬倭
頭【爲白有在果】, 倭頭及軍功磨鍊, 已報都元帥【爲白遣】。大抵, 今
日之捷, 皆由於洪季男·崔漢·許應祥[239]諸將等, 熟手戰陣之所致

---

순변사 이빈의 서장이 이달 4일에 도착하였는데, 도원수 권율이 돌려보낸 문서
에 의하면, '대규모의 왜적이 밀려들어 장차 호남으로 향하려는데 외로운 군대로
서 산음에 머물러 별로 할 일이 없다며 전라병사 선거이는 운봉의 높은 고개에
올라가 차단하고 신은 팔량치로 와서 차단하라.'라고 하여 행군을 계획하던 차,
직로 복병장 이응표의 치보에 의하면, '왜적이 깃발을 많이 펼쳐 그 수를 알 수
없을 정도로 내려온다.'라고 하여 조방장 홍계남 등을 한후장으로 정하고 즉시
여울 가의 수풀 속에 매복하였다가 돌격하여 습격하라 하고서 팔량치로 향해
행군하였는데, 그 왜적이 강을 건너려던 때 매복했던 한후장 등이 크게 외치며
습격하자 왜적들이 물러갔습니다. 5일에 도착한 도원수 권율의 전령에 '왜적이
이미 구례 지경을 범했으니 남원의 숙성치로 달려가서 차단하라.'라고 하여 숙성
치로 달려갔는데, 도원수가 또 전령하기를, '구례의 왜적이 와서 분탕질한다는
말은 우리 백성들이 스스로 자기 집을 분탕질한 것이다. 석주 등지에 지키는
사람이 없으니 즉시 그곳으로 가서 차단하라.'라고 하여, 바로 그날 판관 김현성
을 장수로 정하여 정탐하게 하고, 영천 군수 홍계남 등을 먼저 들여보내며 홍계
남 등에게 정예병을 주어 동쪽으로 돌아가 매복하게 하였습니다. 흉적의 선봉이
우리 매복한 곳 안으로 들어오자, 복병장)"

237 嚴追(엄추): 窮追의 오기인 듯. 끝까지 추격함.

238 洪季男(홍계남, 1563~1597): 본관은 남양(南陽). 수원 출생. 용력이 뛰어나고
말달리기·활쏘기를 잘하여 禁軍에 소속되었다. 1590년 일본에 파견되는 통신
사의 군관으로 선발되어 黃允吉·金誠一 일행을 따라 일본에 들어갔다가 이듬
해 돌아왔다. 관직으로는 경기도·충청·경상도 조방장, 수원판관·영천 군수 등
을 지냈다. 1592년 임진왜란이 일어나자 아버지를 따라 안성에서 의병을 일으켜
인근의 여러 고을로 전전하며 전공을 세워 僉知로 승진되었다. 전라·경상도 지
역으로 진출하여 李蘋·宣居怡·宋大斌 등과 함께 운봉·남원·진주·구례·경주
등지로 전전하며 전공을 세웠다. 그 뒤 1596년에는 李夢鶴의 반란을 평정하는
데 공을 세우기도 하였다.

【是白置[240]】, 各別論賞, 以勸後人【爲白乎可[241]】, 妄料【爲白遣】。初
八日, 都元帥傳令內, 前後定送之軍, 幷以率領, 南原府入來, 守
城【爲乎矣】, 兵使處幷以傳送【爲白遣】, 唐兵三千, 已爲入城, 後到
者, 亦多協力, 則萬無不和[242]之理, 兇賊見天兵之威, 則亦將不戰
而自屈[243]【爲置[244]】, 十分盡心使內向事[245], 傳令【是旀[246]】, 今月初
八日, 領軍入來南原府, 卽見謁天將等, 則天將等, 下床執手曰:
'將軍, 以孤軍犯大賊先鋒, 却賊斬殺事, 因兒[247]擺撥兒聞來, 不勝
多謝。但此地人民, 擧數逃亡, 無一人止接[248]者, 雖欲守此, 誰與
爲守? 今日將軍入來, 可與協力戰滅[249]。兵家勝敗, 何以豫定, 惟
在將軍鎭定軍心, 備置粮餉而已。' 臣答曰: '軍務之重, 責在【缺】
我, 粮餉等事, 各有所管, 俾我將老爺之言, 卽稟元帥事。' 以答之
云。全羅監司李廷馣[250]書狀, "今七月初七日, 未時成帖, 谷城縣

---

239 許應祥(허응상, 1545~?): 본관은 長鬐, 자는 休徵. 1584년 무과에 급제하였다.
　　1595년 2월부터 3월까지 한 달 동안 창원 부사를 지냈다.

240 是白置(시백치): 이두 표기. ~이시다.

241 爲白乎可(위백호가): 이두 표기. ~하옵실까.

242 不和(불화): 不利의 오기.

243 自屈(자굴): 자기와는 다른 뛰어난 사람들의 본모습을 깨달아 굽히는 것.

244 爲置(위치): 이두 표기. ~하다. ~하기도.

245 使內向事(사내향사): 이두 표기. ~하게 할 일.

246 是旀(시며): 이두 표기. ~이며.

247 兒(아): 我의 오기.

248 止接(지접): 잠시 몸을 의탁하여 거주함.

249 戰滅(전멸): 剿滅의 오기인 듯.

監鄭大民[251]馳報內, '初六日, 求禮縣境內, (處處)焚蕩, 所聞駭愕, 幷定【缺】體探人馳送, 當日巳時, 量還來進告內, 倭賊【不喻[252]】, 某人所爲【是喻[253]】, 境內巨室富家【乙】, 乘虛焚蕩, 烟焰漲天, 遠見(則)有同兇賊所爲【是乎等用良[254]】, 官家段置, 守護無人, 一應[255]什物, 蕩敗散置, 所見有似經亂之地【是乎所[256]】, 進告據馳報.'【是白遣】. 初八日(成帖), 同縣監鄭大民馳報內, '縣監段置, 孤守空官,

---

250 李廷馣(이정암, 1541~1600): 본관은 慶州, 자는 仲薰, 호는 四留齋·退憂堂·月塘. 1558년 사마시에 합격해 진사가 되고, 1561년 식년 문과에 급제하였다. 처음 승문원에 들어가 권지부정자를 역임하고 예문관 검열로 사관을 겸하였다. 1565년 승정원 주서를 거쳐 1567년 성균관 전적·공조 좌랑·예조 좌랑·병조 좌랑 등을 두루 역임하였다. 1592년 임진왜란이 일어날 때 이조참의로 있었는데, 선조가 평안도로 피난하자 뒤늦게 扈從했으나 이미 체직되어 소임이 없었다. 아우인 개성 유수 李廷馨과 함께 개성을 수비하려 했으나 임진강의 방어선이 무너져 실패하고 말았다. 그 뒤 황해도로 들어가 招討使가 되어 의병을 모집해 延安城에서 치열한 싸움 끝에 승리해 그 공으로 황해도 관찰사 겸 순찰사가 되었다. 1593년 병조참판·전주 부윤·전라도 관찰사 등을 역임하고, 1596년 충청도 관찰사가 되어 李夢鶴의 난을 평정하는 데 공을 세웠다. 그러나 죄수를 임의로 처벌했다는 누명을 쓰고 파직되었다가 다시 지중추부사가 되고, 황해도 관찰사 겸 도순찰사가 되었다.

251 鄭大民(정대민, 1551~1598): 본관은 河東, 자는 中立. 1575년 25세의 나이로 鄕薦에 의하여 東部參奉에 기용되었다. 이후 永崇殿·文昭殿·集慶殿의 참봉을 거쳐, 군자감봉사·직장·주부·감찰·장례원 사평 등을 역임하였다. 1586년 운봉 현감, 1591년 곡성현감, 1594년에는 장수 현감을 차례로 역임하였다.

252 不喩(불유): 이두 표기. ~아닌지.

253 是喩(시유): 이두 표기. ~인지.

254 是乎等用良(시호등용량): 이두 표기. ~이온 줄로써.

255 一應(일응): 모든.

256 是乎所(시호소): 이두 표기. ~인바.

倍前守護【爲如乎[257]】, 今月初七日夜半, 無賴之徒, 五十餘名成黨,
司倉·官廳·公衙等處, 一時突入, 錢穀及官上雜物, 盡數偸取【爲
去乙[258]】, 僅捕四五人, 行刑梟示.'【爲白所】, 馳報【是白遣】. 初六
日成帖, 光陽地境頭峙津伏兵(將)長興府使柳希光·求禮縣監李元
春等, 馳報內, '大邱灘[259], 以倭賊渡越【是如】進告【乙仍于[260]】, 伏兵將
追擊次, 以府使帶率軍官十五名·牙兵十名, 求禮縣監帶(率)軍官·
牙兵, 幷十五名及繩灘將奉事崔繼泗[261]·頭峙將前萬戶蘇夢參·錢
灘將奉事張嶪[262]等, 率【良旀】馳進, 登山望見, 則賦徒等, 彌滿布
野【乙仍于】, 當進不得, 光陽城蜂居倉[263]北松林, 騎倭十五名, 步
倭三十餘名, 或着笠, 或紅甘土[264], 或着蔽陽子[265], 牛馬卜物載
持, 兒駒·犢牛, 亦爲牽來, 乘其不意亂射, 則衆倭一時呼動, 與我

---

257 爲如乎(위여호): 이두 표기. ~하더니.

258 爲去乙(위거을): 이두 표기. ~하거늘.

259 大邱灘(대구탄): 초서원고본에는 大丘灘으로 됨. 둘 다 전라남도 강진군의 남동
　　쪽에 있는 大口面의 오기인 듯.《新增東國輿地勝覽》에 大口所라는 지명에서
　　유래하였다. 서쪽에 도암만이 있고, 동쪽으로 천채산을 사이에 두고 장흥군과
　　전하며, 남쪽에는 萬里城이 있다.

260 乙仍于(을잉우): 이두 표기. ~으로 말미암아. ~따라.

261 崔繼泗(최계사, 1560~?): 본관은 慶州, 자는 而源. 거주지는 장흥. 1583년 무
　　과에 급제하였다.

262 張嶪(장업, 1541~?): 본관은 求禮, 자는 士勛. 거주지는 구례. 1583년 무과에
　　급제하였다.

263 蜂居倉(봉거창): 蟾居倉의 오기. 전라남도 광양시 강상면 섬거리에 있던 창고.
　　1577년부터 1580년 4월까지 광양 현감으로 지낸 鄭叔男이 설치하였다.

264 紅甘土(홍감토): 紅甘吐. 紅甘套. 탕건 비슷하게 생긴, 쓰개의 한 가지.

265 蔽陽子(폐양자): 패랭이. 댓개비로 엮어 만든 갓.

軍良久相戰, 多數射中之際, 建白旗騎倭五十餘名·步倭百餘名,
或持銃筒揮釖, 擁後夾(挾)擊, 故不得已回軍【爲良置[266]】, 我軍無
一名致死。大槪, 兇賊倍前鴟張[267], 光陽縣【段置】守城, 以新反[268]
閭家一空, 極爲悶慮【爲乎所】, 馳報.'【爲白遣】. 初十日戌時成帖,
兵使宣居怡[269]馳報內, '穀城[270]·求禮等體探鎭撫使金義等, 當日
戌時, 還來進告內, 「南原[271]富人羅進等閭家, 求禮地光里[272]人家,

---

266 爲良置(위량치): 이두 표기. ~하여도.

267 鴟張(치장): 올빼미가 날개를 편 것처럼 暴威를 떨침.

268 新反(신반): 이두 표기. 오히려. 도리어.

269 宣居怡(선거이, 1550~1598): 본관은 寶城, 자는 思愼, 호는 親親齋. 1569년
兼司僕에 천거되어 10년의 임기를 마치고 1579년 무과에 급제하였다. 1586년
함경북도 병마절도사 李鎰의 啓請軍官이 되었다. 1587년 造山萬戶이었던 李舜
臣과 함께 鹿屯島에서 변방을 침범하는 여진족을 막아 공을 세웠다. 1588년 거
제현령·진도군수를 역임하고 이어 청백(淸白: 맑고 깨끗한 행세)으로 성주목사
를 거쳐 1591년에 전라도수군절도사가 되었다. 1592년 임진왜란이 일어나자 그
해 7월에 한산도해전에 참가하여 전라좌수사 이순신을 도와 왜적을 크게 무찔렀
다. 1592년 12월 禿山山城 전투에서는 전라도병사로서 전라순찰사 權慄과 함께
승첩을 올렸는데 이때 크게 부상당하였다. 이어 다음해인 1593년 2월 행주산성
전투에 참가하여 권율이 적을 대파하는 데 공을 세웠다. 같은 해 9월에는 함안에
주둔하고 있던 적군이 약탈을 일삼고 있었으므로 이를 공격하다가 부상을 당하
였다. 그 뒤 충청병사에 올랐다. 한산도에 내려와서는 이순신을 도와 屯田을
일으켜 많은 軍穀을 비축, 공을 세웠다. 1594년 9월에는 이순신과 함께 長門浦
해전에서 또 공을 세웠다. 그 뒤 충청수사가 되고 다음 해 황해병사가 되었다.
1597년 정유재란 때에는 남해·상주 등지에서 활약하였다. 1598년에는 울산 전
투에 참가, 명장 楊鎬를 도와 싸우다 전사하였다.

270 穀城(곡성): 谷城의 오기. (이하 동일)

271 南原(남원): 전라북도 남동부에 있는 고을. 동쪽은 경남 함양군·하동군, 서쪽은
임실군·순창군, 북쪽은 장수군, 남쪽은 전남 구례군·곡성군과 접한다.

272 地光里(지광리): 전라남도 구례군 광의면 放光里의 오기인 듯.

初八日焚蕩之火, 清烟至今未息.」【爲白去乙】, 避亂人所言及焚蕩
處目覩【叱則是遣】, 無賊數<sup>273</sup>【爲旀】, 「南原地中坊後峰登望【爲乎
矣】, 光陽【段置】, 亦爲烟氣漲天.」【爲乎所】, 進告據【爲等如<sup>274</sup>】, 馳
報【是白有亦】, 相考【爲白乎矣】, 穀城縣監鄭大民馳報內, 辭緣<sup>275</sup>
【是白在如中<sup>276</sup>】, 求禮·南原·穀城地, 諸處焚蕩, ◇<sup>277</sup> 倭賊所爲與
否, 的知不得【是白在果<sup>278</sup>】, 道內人心, 自聞晉州陷沒之後, 胥動浮
言<sup>279</sup>, 乘時作亂, 焚怯搶掠, 有同上年變生之初, 望風奔潰, 極爲
痛憤.' 光州牧使張義賢<sup>280</sup>【乙】, 督捕將稱號, 各官官令<sup>281</sup>一同, 抄
擧精銳, 作亂之人, 跟尋<sup>282</sup>輯捕<sup>283</sup>, 一一行刑, 傳令【亦爲白乎旀】,

---

273 賊數(적수): 賊形의 오기인 듯.

274 爲等如(위등여): 이두 표기. 합하여. 모두. 다.

275 辭緣(사연): 편지의 말의 내용.

276 是白在如中(시백재여중): 이두 표기. ~이옵건대.

277 "皆是我國亂民所爲是白去等, 兵使所報 光陽·順天等地焚蕩.(모두 우리나라
   난민들의 소행이라고 하오니, 병사가 치보한 광양·순천 등지의 분탕질은)"

278 是白在果(시백재과): 이두 표기. ~이옵거니와.

279 胥動浮言(서동부언): 거짓말을 퍼뜨려 인심을 소란하게 함.

280 張義賢(장의현, 생몰년 미상): 본관은 求禮, 자는 宜叔, 호는 五柳亭. 應賢으로
   도 불렸다. 1573년 비변사에 의하여 무장으로 천거되어 1577년 해남 현감을 지
   내고, 1583년 부령 부사로 泥湯介의 침입을 막아 명성을 떨쳤다. 1591년 장흥부
   사가 된 뒤 1592년 임진왜란이 일어나자 전라도 방어사 李時言의 조방장으로
   거제도 공략 등에 참여하였고, 1593년 광주 목사로 雲峯 八嶺峙에서 전공을 세
   웠다.

281 官令(관령): 守令의 오기.

282 跟尋(근심): 자취를 따라서 찾음.

283 輯捕(집포): 緝捕의 오기. 죄인을 잡는 일.

一邊文移各邑, 遍行曉喩, 使之安集【爲白遣】。都元帥權慄, 尙在
南原地境, 巡邊使李薲·本道兵使宣居怡·助防將李繼鄭·京忭[284]
助防將洪季男等段, 皆萃南原府守城, 前後下來, 天將七員, 亦留
同府, 同力待變【爲白乎等[285]】, 賊鋒所向, 未知其虛的, 極爲悶慮,
姑擧各人馳報事。七月十二日成帖, 二十三日啓下, 同縣監[286]書
狀大槪, "楊士衡[287]馳報, '茂長縣[288]監·唐將, 一時晉州賊勢哨探,
境內時無兇賊, 官舍人家, 盡爲燒燼, 城子撤毀, 積屍如山, 向
前[289]倭賊, 移駐宜寧等處.' 防備諸事, 日新待變事." 七月二十一
日, 觀象監正奏[290]: "今月二十日夜一更, 彗星微移上行, 在八穀
星上, 形體漸微, 芒東北指, 長五六尺許, 色蒼白。四更, 客星在
於天倉東第三星內三寸許, 形色差微於天倉星." 二十二日, 兩司

---

284 京忭(경변): 京忭의 오기.

285 爲白乎等(위백호등): 이두 표기. ~하옵신들.

286 縣監(현감): 문맥상 監司의 오기인 듯.

287 楊士衡(양사형, 1547~1599): 본관은 南原, 자는 季平, 호는 暎霞亭·漁隱. 1579
   년 생원시에 합격하였고, 1588년 식년문과에 급제한 뒤 軍資監의 奉事·直長
   등을 역임하였다. 1592년 벼슬을 사임하고 남원에 낙향하였는데, 그해 여름에
   왜적이 침범하자 李大胤·崔尙重 등과 군량을 모아 금산의 전지로 보냈다. 1594
   년 尹斗壽가 체찰사로 삼남 지방을 순시할 때 참좌하였다. 또 邊士貞·丁焰 등과
   의병으로 활동한 공로가 평가되어 병조정랑에 오르고, 이어서 춘추관기사관·경
   기도사·南平縣監·예조정랑을 거쳐 1599년 靈光郡守로 임지에서 죽었다.

288 茂長縣(무장현): 전라북도 고창군 무장면의 조선 시대 행정구역. 무장현감으로
   1592년은 李忠吉, 1593년은 李中復, 1594년 2월부터 1595년 2월까지는 李景裕
   인 바, 여기서는 이중복인 듯. 그러나 인적 정보는 알 수 없다.

289 向前(향전): 앞으로.

290 《宣祖實錄》1593년 7월 20일 8번째 기사임.

合啓[291]: "兇賊猖獗, 益稔其惡, 無意回巢, 反肆呑噬, 旣陷晉州, 衝突湖南, 長驅之勢, 將無以遏截。所恃者, 只在於天兵, 而提督聲言南下, 實無毆勦之意。邊報日急, 人心恟懼, 在廷臣隣[292], 束手無策。今日之事, 必須親詣督府, 極陣[293]危迫之懇, 後庶有感動之理。遠勞聖躬[294], 觸冒炎程, 臣等固知其未安, 而國勢汲汲[295], 存亡之決, 在於呼吸。咨請雖勤, 恐歸文具, 手札雖切, 莫如面訴。請簡其扈從, 刻日命駕, 以答一國臣民之望。" 答曰: "問于備邊司。" 備邊司啓曰: "國勢汲汲, 存亡之機, 間不容髮[296], 凡在群情, 莫不危懼, 所以有親往督府之請也。禦札纔行, 莫如親勞玉趾之爲切。無已則漸漸前進, 觀勢直詣, 一以便策應之方, 一以答萬民之望, 亦一策也。敢啓。" 答曰: "予不食已月餘, 又於數日前, 得傷寒症, 昨日揭帖, 亦力疾[297]勉強書之, 此左右下人之所共見者。此時雖欲登程, 其勢死難[298]。吁! 罪大惡重, 而敢爾仍冒, 不卽決退, 故天必怒之, 到今有以致此疾病也歟? 且人君動作, 必須深思, 不可率爾。聞倭賊與京中唐人, 相雜無間。此賊乃還【缺】其

---

291 《宣祖實錄》 1593년 7월 23일 1번째 기사임.

292 臣隣(신린): 임금 측근의 신하.

293 極陣(극진): 極陳의 오기.

294 聖躬(성궁): 임금의 몸을 높여 부르는 말.

295 汲汲(급급): 岌岌의 오기.(이하 동일) 형세가 아슬아슬하게 위급함.

296 間不容髮(간불용발): 머리터럭 하나도 들어갈 틈이 없음. 일이 매우 위급하여 여유가 전혀 없다는 말이다.

297 力疾(역질): 병을 무릅쓰고 무리하게 함.

298 死難(사난): 難能의 오기인 듯. 하기 힘듦.

土者, 不可使見我國君臣, 漂泊孤危之形。而又安知不有意外之
事? 我國之人則素無謀策, 彼賊則莫甚, 故【缺[299]】及之。" 備邊司啓
辭, "縣監尹粹然【公之弟】, 前任陽川[300]時, 召聚軍人, 屢次接戰,
斬獲居多, 就考京圻巡察使權徵[301]狀啓, 則手下軍所斬, 至於十
一級, 依事目, 陞敍何如?" 答曰: "依啓。" 二十四政, 以軍資僉正
兼抱川縣監。"云。是日, 營奴希守, 回自龍灣[302], 持李郎平書來,
大夫人[303]及他一家人, 皆僅無事云。李郎書曰: "欲輿櫬歸, 權厝
于坡山而還, 必至寒節而衣薄, 可慮。"云。自此得尺布無路, 亦可
悶也。韓希寶, 又持來黃會元[304]書, 有曰: "是間, 朝議益怪, 至被

---

299 缺: 幷인 듯.

300 陽川(양천): 서울특별시 강서구에 있던 지명.

301 權徵(권징, 1538~1598): 본관은 安東, 자는 而遠, 호는 松菴. 1586년 형조참판
　　이 되고 전후해서 충청·함경도관찰사를 거쳐, 1589년 병조판서로 승진하였다.
　　그러나 서인 鄭澈이 실각할 때 그 黨與로 몰려 평안도관찰사로 좌천되었다.
　　1592년 임진왜란이 일어나자 경기도 지방의 중요성을 감안해 경기관찰사에 특
　　별히 임명되어 임진강을 방어해 왜병의 서쪽 지방 침략을 막으려고 최선을 다하
　　였다. 그러나 패배하고 삭녕에 들어가 흩어진 군사를 모아 군량미 조달에 힘썼으
　　며, 權慄 등과 함께 경기·충청·전라도의 의병을 규합해 왜병과 싸웠다. 1593년
　　서울 탈환 작전에 참가했으며, 명나라 제독 李如松이 추진하는 화의에 반대,
　　끝까지 왜병을 토벌할 것을 주장하였다. 그 뒤 공조판서가 되어 전년 9월 왜병에
　　의해 파헤쳐진 宣陵(성종릉)과 靖陵(중종릉)의 보수를 주관하였다.

302 龍灣(용만): 평안북도 의주의 옛 이름.

303 大夫人(대부인): 尹卓然의 모친 安東金氏. 金胤先의 딸이다.

304 會元(회원): 黃汝一(1556~1622)의 字. 본관은 平海, 호는 海月軒·梅月軒.
　　1576년 진사시에 급제하고, 1585년 별시문과에 급제하여 승문원부정, 회룡전사
　　관 등을 거쳐 왕립도서관인 湖堂에서 근무하였다. 1592년 임진왜란이 일어나자
　　종사관으로 종군하여 왜군의 포로가 되었다가 풀려났으며, 이후 여러 전투에서

論(論大監), 聞來痛骨."云, 余之被論, 自是常事, 何足怪也? 其書
又曰: "釜山之賊, 再肆餘狺, 荐食[305]南土, 晉城一陷, 全湖震嚴。
惟洪季男, 一摧鋒外, 更無他人勝聲。但聞求禮之賊, 非實倭也,
乃亂民[306]根連光陽, 將有表裏充斥[307]之勢云, 尤可寒心。南原則
駱參將·宋游擊[308]等, 與我兵合牢守, 賊不敢近, 而求禮向賊(船)
百餘隻, 還回其國云。又聞平行長[309], 猜功積憤, 先入於秀吉[310],

---

공을 세웠다. 1598년 명나라에 書狀官으로 다녀왔다. 이후 사서·장령·예천군
수·길주목사 등을 역임하였고 1617년 동래진병마첨절제사에 이르렀다.

305 荐食(천식): 계속 먹음. 차츰차츰 잠식함.

306 亂民(난민): 사회의 안녕질서를 어지럽게 하는 백성. 국법을 어지럽게 하는 백성.

307 充斥(충척): 그득한 것이 퍼져서 넓음. 많은 사람이 그득함.

308 宋游擊(송유격): 宋大斌(생몰년 미상)을 가리킴. 1593년 제독 李如松 휘하의
유격장군으로 마병 2천 명을 통솔하여 조선에 왔다가 이듬해 정월에 돌아갔다.

309 平行長(평행장): 小西行長. 고니시 유키나가는 오다 노부나가가 사망한 혼노지
의 변란 이후로 히데요시를 섬기면서 아버지 류사와 함께 세토나이 해의 군수물
자를 운반하는 총책임이 되었다. 1588년 히데요시의 신임을 얻어 히고노쿠니
우토 성의 영주가 되었으며 1592년 임진왜란 때는 그의 사위인 대마도주 소 요시
토시와 함께 1만 8,000명의 병력을 이끌고 제1진으로 부산진성을 공격하였다.
조선의 정발 장군이 지키는 부산포 성을 함락하고 동래성을 함락시켰다. 이후
일본군의 선봉장이 되어 대동강까지 진격하였고 6월 15일에 평양성을 함락하였
다. 그러나 1593년 명나라 장수 이여송이 이끄는 원군에게 패하여 평양성을 불
지르고 서울로 퇴각하였다. 전쟁이 점차 장기화 되고 명나라를 정복할 가능성이
희박해지자 조선의 이덕형과 명나라 심유경 등과 강화를 교섭하였으나 실패하였
다. 1596년 강화교섭이 최종 실패로 끝나자 1597년 정유재란 때 다시 조선으로
쳐들어왔으며 남원성 전투에서 조선과 명나라 연합군을 격퇴하고 전주까지 무혈
입성하였으며 순천에 왜성을 쌓고 전라도 일대에 주둔하였다. 1598년 도요토미
히데요시가 사망하고 철군 명령이 내려지자 노량해전이 벌어지는 틈을 이용해서
일본으로 돌아갔다.

310 秀吉(수길): 豐臣秀吉(도요토미 히데요시, 1536~1598). 일본 전국시대 최후의

行諝淸正, 秀吉盡誅淸正之家屬, 故淸正欲屠湖南數邑, 以爲贖罪之計云, 此語似未的也。宋經畧所依重, 乃劉綖[311], 而綖與如松, 似不相得[312], 諸將携貳, 各自爲心, 經畧號令, 亦[313]能周行, 如松與惟敬同謀, 一向[314]玩賊, 誠可痛也。惟敬引貢倭, 已向箕京, 經畧因我咨請, 姑拘留惟敬於漢(京), 貢倭則不許前來, 未知此後何以處之也。似聞經畧, 請惟敬之罪, 奏回[315]則便行軍法, 我國亦列惟敬罪狀, 奏聞。"云爾。此七月二十四日, 在行朝書也。李從事[316]上京, 今入兵部, 亦有二十五日所裁簡者, 其所言與會元一樣。七月二十三日啓下, 洪季男書狀, "南原·求禮地境, 別路倉賊兵焚蕩之時, 都元帥金命元[317]傳令, 導良[318]洪季男·許應祥等, 左

---

최고 권력자. 밑바닥에서 시작해서 오다 노부나가에게 중용되어 그의 사후 전국시대의 일본을 통일시키고 關白과 天下人의 지위에 올랐다. 전국시대를 평정한 그는 조선을 침공해 임진왜란을 일으켰으나 실패하였다.

311 劉綖(유정, 1558~1619): 1592년 임진왜란이 일어나자 이듬해 원병 5천을 이끌고 참전한 명나라 總兵. 1597년 정유재란 때 남원에서 졌다는 소식이 전해지자, 배편으로 강화도를 거쳐 입국하였다. 전세를 확인한 뒤 돌아갔다가, 이듬해 提督漢土官兵禦倭總兵官이 되어 대군을 이끌고 와서 도와주었다. 曳橋에서 왜군에게 패전, 왜군이 철병한 뒤 귀국하였다.

312 不相得(불상득): 서로 마음이 맞지 아니하는 상태에 있음.

313 亦(역): 문맥상 不의 오기인 듯.

314 一向(일향): 한결같이. 꾸준히.

315 奏回(주회): 奏曰의 오기인 듯.

316 李從事(이종사): 거산 찰방 李春祺(1547~1616)를 가리킴. 본관은 全州, 자는 應綏. 1576년 식년시에 급제하였고, 1584년 별시 문과에 급제하였다. 1601년 영광군수, 1606년 담양 부사 등을 지냈다. 《光海君日記(중초본)》 1617년 5월 11일 1번째 기사에 그가 사형된 연유가 자세히 기록되어 있다.

右伏兵, 一時突起, 亂射如雨, 倭賊遁去【爲去乙】, 追擊三十餘里, 斬(缺)級。 吳摠兵[319]則城內, 洪季男則北門, 李薲則上衙, 宣居怡則北門, 守城."云。 七月二十四日, 舍弟奉事書來, 其書曰: "棄妻子來從有食之地, 欲送信元【奉事公之子】【缺】邑, 而父子之情, 不忍遠離, 佐郞家屬, 還【缺】李文白家."(云), 不覺涕零。 ◇[320]

弟在恭陵[321]【奉事公曾爲恭陵參奉】時[322], 斬得一馘, 又得祭器全數, 納于右相(前), ◇[323] 云。 ◇[324] 是夕, 眞殿[325]移安, 擇日下來, 卽刻

---

317 金命元(김명원, 1534~1602): 본관은 慶州, 자는 應順, 호는 酒隱. 1568년 종성부사가 되었고, 그 뒤 동래부사·판결사·형조참의·나주목사·정주목사를 지냈다. 1579년 의주 목사가 되고 이어 평안 병사·호조 참판·전라감사·한성부좌윤·경기 감사·병조참판을 거쳐, 1584년 함경감사·형조판서·도총관을 지냈다. 1587년 우참찬으로 승진했고, 이어 형조판서·경기 감사를 거쳐 좌참찬으로 지의금부사를 겸했다. 1589년 鄭汝立의 난을 수습하는 데 공을 세워 平難功臣 3등에 책록되고 慶林君에 봉해졌다. 1592년 임진왜란이 일어나자, 순검사에 이어 팔도도원수가 되어 한강 및 임진강을 방어했으나, 중과부적으로 적을 막지 못하고 적의 침공만을 지연시켰다. 평양이 함락된 뒤 순안에 주둔해 行在所 경비에 힘썼다. 이듬해 명나라 원병이 오자 명나라 장수들의 자문에 응했고, 그 뒤 호조·예조·공조의 판서를 지냈다. 1597년 정유재란 때는 병조판서로 留都大將을 겸임했다.

318 導良(도량): 이두 표기. 따라서. 드디어.

319 吳游擊(오유격): 吳惟忠을 가리킴. 명나라 장수. 1592년 임진왜란 때 조선에 파병된 우군 유격장군으로, 제4차 평양 전투에서 부총병으로 활약하였으며, 정유재란에는 충주를 지키는 임무를 맡았다.

320 "延城奴石乙屎, 起耕兩石落, 而未能除草, 麻田則稍實, 亦有前儲云.(연성의 사내종 석을시가 2섬지기를 일구어 갈았으나 미처 김매기를 하지 못했고, 삼을 심은 밭은 조금 실했으나 또한 앞서 비축한 것이 있다고 하였다.)"

321 恭陵(공릉): 조선 제8대 왕 睿宗의 원비 章順王后 한 씨의 무덤.

322 藥圃 鄭琢의 〈避難行錄〉 1592년 9월 21일자에 관련 기록이 있음.

發馬, 行移于永興, 以人馬收聚事, 走送書者馬頭³²⁶于德山驛。


## 8월 4일(을유)。 맑음。

이전처럼 근무하였다.

전 방백(前方伯) 류영립(柳永立) 3형제의 편지가 왔는데, 류 영공(柳令公)의 모부인 및 류영건(柳永建)의 아내가 하루 사이에 세상을 떠났다고 하니 매우 애통하고 슬펐다.

소와 포목을 구하는 일로 사람을 보내기는 했지만, 포목은 1자일 망정 들고날 곳이 없었으니, 비록 혹여 감영의 구실이 바친 것이 있을지라도 단 하루도 지체하지 않고 옷 없는 사람에게 나누어 지급

---

323 "右相亦狀啓, 仍任時, 具參判及書吏李雲長·鄭正男·□□.(우상 또한 장계하여 기한이 다 되었지만 그대로 머물러 있을 때 구 참판 및 서리 이운장·정정남·□□)"

324 "可感。先考妣神主, 只粉面, 暫有渝色, 而木色如初, 時奉安于仲弟江華下處云。舊吏韓億禮, 告目內, '義州李郎了書適見, 香匠李大元之歸 付送。'云 可喜。京江頭, 遇見虎兒之外祖母, 則虎母在水原設倉地, 母子無事云, 亦可喜也.(감격할 만하다. 돌아가신 부친과 모친의 신주가 다만 분면만 있고 색깔이 조금 바랬지만 나무색은 처음과 같았는데, 이때 둘째 동생의 강화 임시처소에 봉안했다고 하였다. 옛 아전 한억례의 보고서에 의하면, '의주 이 서방에게 가는 편지를 마침 발견하여 향장 이대원이 되돌아가는 편에 부쳤습니다.'라고 하여 기뻤다. 경강 머리에서 우연히 호아의 외조모를 보았는데, 호아의 어미가 수원의 설창지에 있으며 모자가 무사하다고 하였으니 또한 기뻤다.)"

325 眞殿(진전): 임금의 초상화인 어진을 봉안, 향사하는 처소. 조선 시대 때 璿源殿의 다른 이름이기도 하다.

326 書者馬頭(서자마두): 역마를 맡은 吏屬의 하나.

하였다. 이에 구하여 보내지 못하고 다만 감영의 장부에 기록하고 소 2마리를 가져오도록 문서를 써서 내주니, 종놈이 만족스럽지 못한 기색이 있는지라 어처구니가 없었다. 두 아우가 굶주리고 고달 플망정 감히 사사로이 물건 하나라도 보내지 못하는데, 교대할 사이도 아니거늘 어찌 이와 같을 수 있으랴만 오히려 만족스러워하지 않으니 어처구니가 없고 답답하였다.

八月初四日(乙酉)。晴。

坐起如前。前方伯柳永立[327]三昆季書來, 柳令公母夫人及柳永建室內, 一日內化逝云, 極爲痛惻。以牛隻布正, 覓得事送人, 而布則無一尺出入處, 雖或有營屬所納, 而不留一日, 分給無衣之人。玆未覓送, 只帖給營置簿牛二隻來, 奴有未滿之色, 可笑。兩弟飢困, 而未敢私送一箇物, 非交代間, 何能如是耶? 猶爲未滿, 可笑可悶。◇[328]

---

327 柳永立(류영립, 1537~1599): 본관은 全州, 자는 立之. 1582년 종성부사가 되었다. 이듬해 尼蕩介의 난으로 1만여 명의 야인이 침입하자, 우후 張義賢, 판관 元喜 등과 이를 막으려 하였으나 성이 함락되었고, 그 책임으로 하옥되었다. 곧 풀려나 승지·개성 유수를 거쳐 1586년 경상도 관찰사, 1588년 전라도 관찰사, 1591년 함경도 관찰사를 역임하고 이듬해 강원도 관찰사가 되었다. 이때 임진왜란이 일어나자 산속으로 피신하였다가 加藤淸正 휘하의 왜군에게 포로가 되었다. 뇌물로 매[鷹]를 바치고 탈출하였으나, 국위를 손상시켰다는 이유로 대간의 탄핵을 받고 파직 당하였다.

328 "婢麟福, 來自臨陂。此婢乃乳養喜元及第二女息, 故以爲可信婢子, 留使守家, 而賊入後避亂, 十生九死, 到臨陂, 喜元之聘家去處, 賊退後入來云。鄭欽亦有書, 歡倒如何?(계집종 인복이 임피에서 왔다. 이 계집종은 곧 희원 및 둘째 딸을 제 젖으로 길러주었으므로 믿을 수 있는 계집종으로 여기고 집에 머무르며 지키도록 했으나, 왜적이 쳐들어온 후에 피란하여 구사일생으로 임피에 도착한

## 8월 5일(병술). 맑음.

이전처럼 근무하였다.

홍원 현감(洪原縣監) 이계명(李繼明)이 강서현(江西縣: 평안도 소재)에서 왔는데, 행재소가 아주 평안하다고 하였다. 대가(大駕)가 장차 경성(京城)으로 향할 것이고, 동궁(東宮: 광해군)은 해주(海州)로 향했다고 하였다.

八月初五日(丙戌)。晴。

坐起如前。洪原縣監李繼明, 來自江西, 行在萬安。大駕將向京城, 東宮向海洲[329]云。◇[330]

## 8월 6일(정해). 종일 큰비.

이전처럼 근무하였다.

八月初六日(丁亥)。終日大雨。

---

것으로 희원의 장인집에서 거처를 마련해주었으며, 왜적이 물러간 후로 집에 들어왔다고 하였다. 정흠 또한 편지를 보냈으니 그 기쁨이 어찌하였으랴.)"

329 海洲(해주): 황해도 남부 해주만 연안에 있는 고을.

330 "李公, 黃判書琳之妹子, 而安應吉之壻云, 問安廷蘭安否, 則洪唐陵逝後, 爲御前通事云。前判官子柳旻來見, 此朴侍讀弘老之壻也。韓準, 則赴京, 今已回來, 鄭相澈, 則以宋侍郎指揮, 姑留義州云.(이공은 판서 황림의 생질이고, 안응길의 사위라고 하여, 안정란의 안부를 물었더니 당릉 홍순언이 세상을 떠난 뒤로 어전 통사가 되었다고 하였다. 전 판관의 아들 류민이 찾아와서 만났는데, 이 사람은 시독 박홍로의 사위이다. 한준이 북경에 갔다가 지금 이미 되돌아왔고, 재상 정철은 시랑 송응창의 지휘로 잠시 의주에 머물러 있다고 하였다.)"

坐起如前。◇331

## 8월 7일(무자)。 맑음。

이날 진시(辰時: 오전 8시 전후)에 근무하고 나서 바로 길을 떠났다. 도사(都事) 일행과 남쪽 고을의 관아를 순시하러 향했는데, 함흥부의 땅인 한당리(閑堂里)에 도착하여 점심을 먹고, 유시(酉時: 오후 6시 전후)경 정평부(定平府)에 도착하였다. 연로의 곳곳에서 하소연하는 서장(書狀)을 올리며 말하기를, "감목관(監牧官)과 목자(牧子)가 일으킨 폐단이 많아서 백성들이 살아갈 수가 없다."라고 하여, 그 까닭을 물어보니 토관(土官: 변병의 특수 관직)이라 일컫는다고 하였다.

으레 목자에게 포(布) 1필을 징수하는데, 목자는 나올 데가 없으니 그것을 나누어 산간 지역에 사는 거주민에게 징수하였고, 또 목자들을 나누어 백성들의 여염집에 보내고 사람마다 트집을 붙여서 강요하며 말하기를, "네놈 집에 튼튼한 말이 있지?"라고 하면서 붙잡아가서는 발바닥을 무수히 내리치고 그 사람들의 처를 가둔 뒤에 날짜를 정해 말을 바치라 하는지라, 말값을 어디에서 구하겠으리오? 다만 도주할 수밖에 없다고 하였다. 들으니 가엾고 안타까웠다.

八月初七日(戊子)。 晴。

---

331 "咸興判官李琰官敎, 今奴下來, 故敎書肅拜事, 上來行禮.(함흥 판관 이염의 임명장을 이번 영노가 가져왔으므로 교서와 숙배를 하는 일로 올라와서 예를 행하게 하였다.)"

是日辰時, 坐起後, 仍發行, 與都事一行, 巡向南官, 到府地閑堂里[332], 午餉, 酉時到定平[333]府, ◇[334] 沿路處處呈狀, 曰: "監牧官[335]與牧子[336], 作弊多端, 民不料生[337]."(云), 問之則土官[338]稱云. 例徵布一疋於牧子, 牧子無出處, 分徵於墻底居人, 又分送牧子於民家, 侵責[339]人人, 曰: "汝家有墻馬?"云, 捉去, 足掌無數打下, 囚其各人妻, 定日納馬, 馬價何處得耶? 只有逃走一事云. 聞來可憐可痛.


## 8월 8일(기축). 맑음.

이전처럼 근무하였다.

그 뒤에 정평부(定平府)를 출발해서 금강진(金江津)에 도착하여 점심을 먹고 나서 배로 건너 신시(申時: 오후 4시 전후)경 영흥(永興)에 도착하였다.

---

332 閑堂里(한당리): 함경남도 함주군 이원군 이원면에 있는 마을. 동쪽은 홍원군, 서쪽은 정평군, 북쪽은 장진군·신흥군, 서북쪽은 극소부가 평안남도 영원군과 접하고 있으며, 남동쪽은 동해에 면한다.

333 定平(정평): 함경남도 남부에 있는 고을. 북동쪽은 함주군, 남동쪽은 금야군과 접하고, 북서쪽은 낭림산맥을 사이에 두고 평안남도 영원군과 이어지고, 동쪽은 東韓灣에 면한다.

334 "假官郭崙留府接待.(가관 곽륜이 부에 머물며 접대하였다.)"

335 監牧官(감목관): 조선 시대 지방의 목장 업무를 담당하던 종6품 관직.

336 牧子(목자): 조선 시대에 나라에서 경영하던 목장에서 우마를 먹이던 사람.

337 不料生(불료생): 不聊生의 오기인 듯.

338 土官(토관): 조선 시대 함경도와 평안도 등 변방 토착민에게 주었던 특수한 관직.

339 侵責(침책): 물품 수납에서 각종 트집을 붙여서 강요함.

八月初八月(己丑)。晴。

坐起如前。後定平府離發, 到金江津[340], 午餉, 舟渡, 申時到永
興◇[341]


## 8월 9일(경인)。아침엔 비 오다가 종일 흐림。영흥부에 머묾。

이전처럼 근무하였다。

八月初九日(庚寅)。朝雨終日陰。留永興府。

坐起如前。◇[342]


## 8월 10일(신묘)。비。[343]

이전처럼 근무하였다。

덕산(德山)의 물을 살피는 일로 도사(都事)·판관(判官)·참봉(參奉:

---

340 金江津(금강진): 함경남도 정평군 고산면과 평안남도 영원군 신성면 사이에 있
　　는 劍山嶺 동쪽에서 나와 정평군 남쪽을 지나서 바다로 들어감.

341 "府北邊, 廣奴應世來謁, 見之, 不覺聲漏, 俱發, 問先塋則皆無事, 墓奴皆得免
　　禍, 而只莫年避亂.(부의 북변에 도착했는데, 광주의 사내종 응세가 찾아와서
　　인사하여 만나보니 저도 모르게 눈물이 났지만, 함께 출발하며 선영을 물으니
　　모두 무사하며, 묘지기 노비도 모두 화를 면했으나 막년이만 피란하였다고 하였다.)"

342 "濬源殿參奉李愷, 敎書肅拜, 問水勢則 …이하 결락…(선원전 참봉 이개가 교
　　서를 숙배하고 물살을 물어보니 …이하 결락…)"

343 이날부터 있는 내용은 초서원고본에는 없는 내용임. 다만, 초서원고본에는 1593년
　　11월 1일과 10월 22일 순으로 내용이 더 있다. 비매품인 『중호선생문헌집』(연
　　구·번역편, 칠원윤씨칠계군종친회, 2005)의 365~368면을 참조하기 바란다.

영흥 선원전 참봉) 이개(李愷)를 대동하고 승천(勝川)에 도착하니, 물살이 매우 급하고 험한 데다 또 물이 깊고 큰 바위를 깔아놓은 듯하여 한번 실족이라도 하면 그 위험을 예측할 수가 없었다. 도사가 말하기를, "이곳은 소소한 한 지류에 불과하지만, 만약 그 원래의 본류에서 건너야 할 곳은 이보다 10배나 위험할 것이오."라고 하면서 "수십 일 안에 이곳의 물도 건널 수가 없을 것이니, 연유를 갖추어 장계(狀啓)를 올리는 것만 못하오."라고 하였다. 진전(眞殿)을 옮겨 봉안하는 것은 택한 날에 행하지 말되, 역서(曆書)를 살펴보고 길일을 택하여 옮겨 봉안한 뒤에 해조(該曹)에서 택일하여 제사를 거행해야 하리니 혹 물이 얼기를 기다렸다가 옮겨 봉안하는 것이 합당하다고 장계를 올렸다.

八月初十日(辛卯)。雨。

坐起如前。以【缺】德山水看審事, 帶都事·判官·參奉李愷【缺】, 到勝川, 則水勢甚急, 且險水心[344], 大石如鋪, 一失其足, 則危不可測, 都事曰: "此是小小一派, 若其源流渡涉處, 則十倍於此." 云, "數旬之內, 則此水, 亦不可渡, 不如具由狀啓." 移安則勿爲擇日, 考曆書擇日移安, 後自該曹, 擇日行祭, 或待氷, 合移安事, 狀啓。

---

344 水心(수심): 水深의 오기인 듯.

## 8월 11일(임진). 맑았지만 종일 서풍이 몹시 붊. 고원부에서 묵음.

이전처럼 근무하였다.

그 뒤에 길을 떠나 낮이 되어서야 고원군(高原郡)에 도착하였고, 미시(未時: 오후 2시 전후)에 □□역자(驛子: 역참에 딸린 구실아치)가 호조(戶曹)의 공문을 가지고 왔다. 평안도의 곡물은 지난봄에 장계(狀啓)를 올려서 청하여 윤허를 받고 지연되어 보내지 않은 것이나, 지금 본도(本道: 평안도) 방백(方伯) 이원익(李元翼)이 올린 계사(啓辭)로 인하여 끝내 보내지 않겠다는 것이었다. 또 상의원(尙衣院)의 공문을 가지고 왔는데, 돈피(獤皮: 노랑 담비의 모피)의 진상(進上)을 종전대로 보내라는 것이었다.

우리 도(道)를 진휼하는 곡식은 임금의 뜻을 감추려 도모하고, 우리 도에서 바치는 공물(貢物)과 부세(賦稅)는 점차 독촉한 것인데, 풍패지향(豐沛之鄕: 건국주의 고향)이 끝내 수복될 가망이 없는 것이니 가히 통곡할 만한 일이다. 지난해 성지(聖旨: 임금의 교지)를 받들어 읽자니 풍패지향을 중히 여기시어 타이르는 간절한 하교(下敎)를 내리셨거늘, 신하들이 깊이 생각하지 않아서 이 지경에 이르렀으니 어찌해야 하겠으며 어찌하겠는가.

八月十一日(壬辰). 晴終日西風大吹. 宿高原府.

坐起如前. 後發行, 午到高原郡, 未時【缺】驛子持戶曹公文來. 平安道穀物, 去春啓請, 蒙允而遷就, 不送今因本道方伯李元翼啓辭, 終不輸送之事也. 又持尙衣院[345]公文來, 進上獤皮, 依前上送事也. 此道賑救之穀, 則圖閟聖旨, 此道貢賦之物, 則漸次催督,

豐沛之鄕[346], 終無收復之望, 可謂痛哭。上年, 奉讀聖旨, 重豐沛
之鄕, 諭以懇測之敎, 而下不體念[347], 至於如此, 奈何奈何?

### 8월 12일(계사)。맑음。문천촌사에 묵음。

근무한 후에 길을 떠났다。오전에 문천군(文川郡) 남쪽의 이경린
(李景麟) 집에 도착하였는데, 이 집은 왜적을 추격할 때 묵었던 곳이
다。왜적의 소와 말을 탈취한 것을 점고할 때, 어떤 사람이 암컷
말이라고 장부에 기록하고서는 수컷 말을 가져와 점고하는 바람에
군관(軍官)이 대납하고서 죄주기를 청하였다。수컷 말을 살펴보니,
그 종(種)이 공골마(公骨馬)이었다。공골마라는 종은 매우 희귀한 것
이니, 이는 필시 애당초 장부에 기록할 때 암컷이라고 잘못 기록했
을 것이다。그래서 분별하고 용서하여 죄로 삼지 않으니, 그 사람이
감격하여 울었다。

八月十二日(癸巳)。晴。宿文川村舍。

坐起, 後發行。午前, 到文川[348]郡南邊李景麟家, 此追擊時所

---

345 尙衣院(상의원): 조선 시대 임금의 의복과 궁내의 재화·금·보화 등을 관리하고
공급하는 일을 맡았던 관청.

346 豐沛之鄕(풍패지향): 漢高祖 劉邦의 고향이 豐邑沛縣인 데서, 건국군주의 고
향을 일컫는 말. 조선 시대에 태조 이성계의 고향인 함흥시나 본관인 전주시를
가리키는 말로도 쓰였다.

347 體念: 깊이 생각함.

348 文川(문천): 함경남도 남부에 있는 고을. 군수를 두었다.

宿處也。所奪倭牛馬，點考時，有一人，以雌馬置簿，而以雄馬來點，軍官以代納，請罪。考之則，其色公骨[349]也。公骨之色，甚是希貴，此必當初置簿時，誤錄以雌也。故分揀[350]不罪，其人感泣。

## 8월 13일(갑오)。 맑음。 덕원부에 묵음。

이전처럼 근무하였다.

이날 조보(朝報)를 보니 7월 15일의 비망기(備忘記)에 말하기를, "수길(秀吉: 豐臣秀吉, 도요토미 히데요시)의 뜻을 보건대 음모(陰謀)가 더욱 흉악하고 그 기세가 날로 교만해져 이미 병력을 증강해와 서남 지역을 삼키려고 결정한 것이니, 그 형세로 보아 필시 수년 안에 전쟁을 끝내지 않을 것이다. 우리나라의 병력으로써 결코 물러나게 할 이치가 없고, 비록 주둔해 있는 천병(天兵: 명나라 군사)을 견주더라도 3,4만 명에 불과한데다 이미 지치고 굶주림이 심하여 쉽게 대적할 수가 없을까 두렵다. 지난해 주청(奏請)했을 때 바다와 육지로 동시에 진격하겠다고 말했지만, 천조(天朝: 명나라 조정)는 단지 육지로만 군대를 출발시켰다. 또 일찍이 통보(通報) 중에 그의 이름은 잊었지만 어떤 사람이 절강성(浙江省)의 수군을 보내어 곧장 왜적의 소굴을 치도록 해야 한다고 상주서(上奏書)를 올려 청했다는 것을 보았던 적이 있다. 내 생각으로는 지금 의당 극구 알리기를, '양남

---

349 公骨(공골): 公骨馬. 몸 전체의 털 색이 누렇고, 갈기와 꼬리가 흰 말.
350 分揀(분간): 죄의 유무를 분별하여 용서함.

(兩南: 영남과 호남)이 만약 적에게 점령당한다면 나라가 망할 날이 얼마 남지 않아서 천하는 이로부터 일이 많아질 것이다. 바라건대 장량(張亮)과 소정방(蘇定方)의 고사(故事)에 의하여 크게 수군을 일으켜 군량을 함께 싣고 혹 천진(天津)에서 배를 띄우거나 혹 등주(登州)·내주(萊州)에서 바다로 나가 돛을 올리고서 곧장 우리나라의 평안도(平安道)나 황해도(黃海道) 등지에 도착한 다음에, 바다를 따라 남쪽으로 내려가 우리나라 사람을 향도(嚮導)로 삼아 웅천(熊川)·부산(釜山) 등지에 이르러 우리나라 수군과 힘을 합해 진격하여 적의 소굴을 무찌르고 수군과 육군이 협공하면 단번에 적의 무리를 모조리 섬멸하게 되어 천조(天朝: 명나라 조정)의 위엄이 멀리까지 퍼져서 만세(萬世)에 아무런 걱정이 없을 것이다.'라고 말하려는데, 어떻겠느냐? 그러나 이는 대범한 일이라서 서로 의견을 합치기가 어려우니 천조가 혹여 따르지 않을까 염려되지만, 우리에게 있어서 진주(陳奏)하는 것은 그만둘 수 없는 일인 듯하다. 내가 밤낮으로 근심하고 분개하니 이 왜적을 토벌하지 못하면 살아도 죽은 것과 같을 뿐이고, 일찍이 한순간도 마음에서 잊은 적이 없으나 달리 좋은 방책이 없었기 때문에, 이처럼 진주하려는 것이다. 경(卿)들도 생각해 보았는가? 거듭 자세히 참작하여 계획해야 할 곡절을 아뢰라."라고 하니, 회계(回啓: 의논해 대답함)하여 말하기를, "삼가 성상(聖上)의 하교를 받잡고 생각건대 성상께서 종묘사직의 영원한 원수를 반드시 소탕하여 원한을 씻고 난 후에야 그만두겠다고 하시니, 신(臣) 등은 지극히 감격스러움을 이기지 못하옵니다. 삼가 살피건대 중국 사람들은 선성후실(先聲後實)을 전쟁에서 승리의 방책으로 삼기 때

문에, 매양 이처럼 큰소리만 쳤으니 혹은 바다와 육지로 동시에 진격하겠다고 하거나 혹은 곧장 적의 소굴을 무찌르겠다고 하였지만, 언제 그런 계획을 실지로 세운 적이 있었습니까? 하물며 지금 바람이 점점 거세어져서 바닷길로 오기가 점차 어려워지는데, 천하(天下: 명나라)의 군사를 동원하여 배 안에 실어서 그들의 운명을 맡기는 것은 중국 사람들이 두려워서 기꺼이 하려 하지 않을 것입니다. 그렇더라도 우리나라의 처지로서는 다만 애절한 말로 답답한 뜻을 고할 뿐입니다. 장차 이러한 사항 등의 말을 가지고 진주(陳奏)하여 마치 지휘할 것처럼 하는 것은 혹 온당하지 않은 듯합니다. 그러나 기어이 말하라고 하신다면, 이 계책을 경략(經略: 송응창)과 함께 의논하여 그에게 제본(題本: 上奏書)으로 아뢰도록 하는 것이 정세로 보아 온당하겠습니다. 대저 오늘날의 형세는 병력이 부족하지 않지만, 천장(天將: 명나라 장수)들이 구차하게도 별 탈이 없는 것을 좋은 계책으로 여기기를 바라고 한갓 성사되지 않을 화의(和議)만 믿고서는 이곳에 주둔해 있는 군사도 다 남하하지 않고, 이미 징발한 군사도 왜적과 싸우러 달려가지 않고 있습니다. 외로운 성이 위급한데도 구원하지 않고 흉적이 닥치는 대로 약탈하는데도 무찌르지도 않고서 앉은 채로 군량만 허비하고 있으니, 백성들의 생활과 나라의 형편이 점점 어찌할 수 없는 지경에 이르렀습니다. 지금 할 수 있는 계책은 지극정성으로 경략(經略: 송응창)과 제독(提督: 이여송)의 사사로운 마음을 감동케 하여 우리 군사와 힘을 합해 마음을 가다듬고서 진격하여 왜적을 물러가게 하는 것만 한 것이 없습니다. 신(臣) 등은 재주 용렬하고 식견이 어두워 이 일을 주선할 만한 계책이 없어서 애태우며 민망할 뿐이옵니다. 감히 아뢰옵니다."라고 하자, 답하기를, "알았다."라고 하였다.

사간원(司諫院)에서 장계(狀啓)를 올려 아뢰기를, "공조 판서(工曹判書) 김명원(金命元)은 1년간 국정을 전단(專斷)하였지만 일컬을 만한 실질적인 아무런 공이 없는 데다 덮기 곤란한 위축되었던 흔적만 있는데도 아직 처벌되지 않아 공론(公論)이 오래도록 답답하게 막히도록 하고 있으니, 그의 직을 파하소서."라고 하니, 답하기를, "비록 공을 세운 일은 없으나 그의 노고가 어찌 적다고만 하겠는가? 윤허하지 않는다."라고 하였다.

비변사(備邊司)에서 장계(狀啓)를 올려 아뢰기를, "얼핏 듣건대 흉적이 반드시 진주(晉州)를 공격해 함락시키고자 길을 나누어 공격하려는데, 삼가(三嘉)와 의령(宜寧)의 사이를 정탐하는 사람들이 통하지 못한다고 하니 반드시 제독(提督: 이여송)이 거느린 각 진영(陣營)의 병사들을 전진시켜 바야흐로 왜적을 퇴각시켜야만 합니다. 이러한 뜻을 제독에게 간청해야 하는데 혹 자문(咨文: 공식 외교문서)을 보내거나 혹 첩문(帖文)으로 아뢰어야 하니, 경성(京城)에 있는 대신(大臣)들에게 절박한 뜻을 간절히 아뢰어 기필코 제독을 감동하도록 하는 것이 어떻겠습니까?"라고 하니, 답하기를, "아뢴 대로 하라."라고 하였다.

7월 16일 경상좌도(慶尙左道) 감사(監司) 한효순(韓孝純)의 서목(書目: 문서 분류한 목록)에 있는 '서생포(西生浦)에서 왜적 5명의 머리를 참한 일'을 보니, 서생포에 주둔한 왜적이 스스로 그들의 막사를 남김없이 불태우고 배에 올라 앞바다로 나아가 표박(漂泊)하였다는 것이다. 영상(領相: 영의정 崔興源)의 서목을 보니, "왜적이 물러나던 초기에 도성 안에는 피란하는 남녀들이 운집하여 날마다 거가(車駕)를 기다렸으나 미처 도성으로 돌아오지 않자 점차 다시 흩어졌는데, 그 가운데 끼니를 잇지 못해 굶주려서 도성 문밖을 나서지 못한 자가 죽는 일이 속출하여 쌓인 시체들이 길에 가득하였으니, 참혹하고 측은한 상황을 모두 진달하기가 어렵습니다. 삼가 듣자니 해주(海州)에 머물러 계신다고 하는데, 가만히 생각건대 도성에 있는 백성들의 실망이 관서 지역에 머물러 계실 때보다 더욱 심할까 염려됩니다. 지금 도성 안에 특별히 구애되는 일이 없사오니, 조속히 환도(還都)하시어 여론에 부응하소서."라고 아뢰는 서장(書狀)을 도로 승정원에 내리면서 말하기를, "응당 이것부터 하겠다."라고 하였지만, 특별히 회답한 일이 없었다.

비변사(備邊司)에서 장계(狀啓)를 올려 아뢰기를, "그날로 불러들여 뵈었을 때 왜적을 베어 오면 과거(科擧)를 보도록 허락하는 일을 하교(下敎)하셨으니, 초시(初試) 후에 또 복시(覆試)를 실시해야 하는데, 만일 왜적을 벤 사람이 복시에 응시하지 않아도 과거를 보도록 허락해야 합니까? 신(臣) 등이 성상(聖上)의 하교를 받들고자 하오나 분명치 못한 점이 있어서 감히 아뢰옵니다."라고 하니, 장계를 동부승지(同副承旨)에게 내리며 전교(傳敎)하기를, "이 초기(草記: 국왕에게 올리는 문서)를 알아보지 못하겠거니와, 승지가 구두(口讀)라도 떼고 뜻을 풀어서 들이도록 하라."라고 하자, 회계(回啓: 의논해 대답함)하여 말하기를, "신(臣)이 삼가 전교를 듣고 받잡건대 하삼도(下三道)에서 초시(初試)를 베풀어 약간 명을 뽑되 그 가운데 왜적

벤 자는 곧바로 과거를 보도록 허용하나, 그 나머지는 사변이 평정되는 날을 기다린 후 복시(覆試)를 보게 하라는 뜻이었지만, 비변사에서 밝지 못한 점이 있어서 감히 아뢴 것이옵니다."라고 하니, 전교하기를, "승지의 말이 옳다."라고 하며 이 뜻으로써 답하였다.

간원(諫院)에서 아뢰기를, "예천군수(醴泉郡守) 정사(鄭士: 鄭士信의 오기)는 지난해 사변이 일어났던 초에 대관(臺官)의 반열에 있는 몸으로서 사친(私親: 생부모)을 핑계로 상소하여 돌아갈 수 있도록 청하였습니다. 주상께서 사친(私親)을 돌아볼 수 없다는 전교까지 내리기에 이르렀는데도 겨우 경성(京城)을 벗어나자마자 갑자기 장인의 임소(任所)로 달아났으며, 왜적의 수급(首級)을 구해와서 죄지은 처지를 면하려고 도모하였습니다. 그런데도 갑작스럽게 거두어 서용(敍用)하니 여론이 이미 온당치 못하다고 하였는데, 지금 본직(本職)에 제수하자 공론(公論)이 더욱 격앙되었습니다. 청컨대 파직을 명하시어 신하로서 임금을 버린 불충의 죄를 징계하소서."라고 하니, 답하기를, "아뢴 대로 하라."라고 하였다.

진주성(晉州城)이 함락되었을 때【협주: 6월 29일】성을 지키다가 전사한 장수들은 고종후(高從厚)·성취(成鷲)·고득뢰(高得賚)·최경회(崔慶會)·김천일(金千鎰)·황진(黃璡: 黃進의 오기)·김준민(金俊民)·성영건(成永建)·이종인(李宗仁)·이잠(李潛)·강희열(姜姬悅)·정명세(鄭命世)·서예원(徐禮元)·강희보(姜姬輔)·조경형(曺京亨)·채겸진(蔡謙進)·남경성(南景星)·안희(安喜)·이예수(李禮壽)·김응달(金應達)·이의정(李義精)·송제(宋悌)·성수경(成守慶) 등등이다.

17일 비변사(備邊司)에서 장계(狀啓)를 올려 아뢰기를, "행재소가 오랫동안 관서에 머물러서 이제 이미 세 차례나 사람을 뽑았으나, 그 나머지는 7도(道)는 아직 뽑지 않았습니다. 사방에 조아(爪牙) 같은 쓸모 있는 무사들이 자못 균등하지 못하다는 탄식을 가졌는데, 지금 왜적과 싸울 군사가 부족하니 매우 염려스럽습니다. 위급한 상황을 구할 방책으로는 달리 시행할 조치가 없으니 하삼도(下三道)에 우선 무과(武科)를 실시하되, 철전(鐵箭)은 5개 화살로 세 차례 쏘는 것을 규정으로 삼아 전라도에서 3천 명, 경상 좌도와 우도에서 각각 1천 명, 충청도에서 1천 명을 시취(試取: 특별 등용 시험, 초시 합격자로 간주)해야 합니다. 초시(初試)에 합격한 자가 왜적 1명의 머리를 베어 오면 먼저 과거를 보도록 허용하고, 많은 수의 왜적 머리를 베어 오는 자는 장원 1등으로 삼으면 될 것입니다. 전라도(全羅道)는 남원(南原)·운봉(雲峯) 등 왜적이 넘은 고을에서, 경상도(慶尙道)는 거창(居昌)·함양(咸陽) 등 진주(晉州)와 근접한 고을과 경주(慶州)·양산(梁山)·울산(蔚山)·밀양(密陽) 등 부산(釜山)과 멀지 않은 고을에서, 충청도(忠淸道)는 보은(報恩)·황간(黃澗)·괴산(槐山)·은진(恩津)·공주(公州) 등지에서 과거를 실시하여 타도(他道)의 사람들과 삼도(三道)의 사람들을 뽑고, 스스로 과거 보러 왔다고 하는 자는 응시하게 하더라도 그 가운데 포위되었던 고을에서 남쪽의 적과 서로 마주했던 군졸들과 배를 타고 바다로 내려간 사람들은 뒤이어 시험하도록 허용하겠습니다. 시관(試官: 과거의 시험관)은 원수(元帥) 이하 관직이 높은 장관(將官) 및 당상관 수령(堂上官守令)과 당하관 문무 수령(堂下官文武守令)을 서로 번갈아 가며 섞어 임명하여 사무를 맡기고 시험을 치르도록 하는 것이 어떠하겠습니까?"라고 하니, 답하기를, "아뢴 대로 하라. 왜적의 귀를 베어 오는 자는 제외하고 전두(全頭: 머리 전체)를 바치면 조사한 후에 과거 보는 것을 허용하라."라고 하였다.

승정원(承政院)에서 장계(狀啓)를 올려 아뢰기를, "지금 남쪽에 있는 왜적이 매우 성하니, 내장산(內藏山)에 있는 영정(影幀)과 사책(史冊)을 받들어 옮기는 일이 한 시각이라도 급합니다. 이전에 사관(史官)이 모자람으로 말미암아 모름지기 대교(待敎) 조유한(趙維韓)이 어머니를 보살피러 가는 길에 하서(下書)를 부탁하였더니, 며칠 뒤에 하직하며 공경히 받아 갔지만 늦을지 빠를지는 진실로 기약할 수 없으나, 천 리 먼 길에 공(公)과 사(私)를 아울러 행해야 해서 능히 받들어 옮기지 못할까 두려워 참으로 염려가 됩니다. 청컨대 사관 한 사람이 밤낮을 가리지 않고 역마로 내달려 내려가서 단지 영정과 사책만이라도 받들어 잠시 다른 서책 속에 두고 왔다가, 형편이 혹시 할 만하다고 여겨지면 모두 함께 운반해 오는 것은 어떻겠습니까?"라고 하니, 전교하기를, "아뢴 대로 하라."라고 하였다.

18일 비변사(備邊司)에서 장계(狀啓)를 올려 아뢰기를, "직산 현감(稷山縣監) 박의(朴宜)가 방어에 힘을 다해 왜적이 직산(稷山)으로 들어오지 못하도록 하여서 이미 상으로 내리는 관직을 받았으나, 지금 또 지공(支供: 음식물 이바지)을 심히 잘하여 당장(唐將: 명나라 장수)의 칭찬이 그치지 아니한다고 하니, 이제 다시 관직은 그대로 갖되 승진시키는 것이 어떠하겠습니까?"라고 하니, 전교하기를, "아뢴 대로 하라."라고 하였다. 비변사의 서목(書目: 문서 목록)에 6월 21일 부산(釜山)에서 출발하여 올라오던 관 유격(冊遊擊: 冊承宣)이 왜놈 200명쯤을 직접 붙잡아서 양산(梁山)으로 돌아왔다고 아뢰는 글을 올렸다.

19일 비변사(備邊司)에서 장계(狀啓)를 올려 아뢰기를, "심유경(沈惟敬)이 왜적과 한통속이 되어 나라를 그르친 정황과 풍신수길(豐臣秀吉)이 끝내 귀순할 리가 없다는 것을 주본(奏本: 사사로운 일에 대한 상주서)에는 모두 서술하지 않는 것이 일의 이치상 당연합니다. 그러나 배신(陪臣)의 정문(呈文: 상급자나 상급 관청에 올리는 공문)은 제주(題奏)와는 같지 않으니, 장차 이 일을 가지고 정문(呈文)에 자세히 갖추어도 됩니다. 조속히 정문을 지어서 뒤쫓아서라도 황진(黃璡: 黃進의 오기)에게 보내는 것은 어떻겠습니까? 또 박진(朴晉) 등이 심유경의 사주로 관 유격(冊遊擊: 冊承宣)에게 곤장을 맞았습니다. 게첩(揭帖: 간단한 공문서)은 이자(移咨: 보내는 咨文)만큼 상세하지 못하니, 이 장계에서 아뢰는 사안에 관한 글을 가지고 자문(咨文: 외교문서)을 보내는 것은 어떻겠습니까?"라고 하니, 전교하기를, "아뢴 대로 하라."라고 하였다.

평안도 감사(平安道監司, 협주: 이원익)가 치보(馳報: 급히 보고함)한 것에 의하면, "이 제독(李提督: 이여송)의 차관(差官: 파견 관원) 2명이 항왜(降倭: 투항 왜군) 28명을 이끌고 중화(中和)에서 어제 평양부(平壤府)로 들어왔다가 당일에 순안(順安)을 향해 떠났다."라고 하였다.

28일 전라도 감사(全羅道監司, 협주: 이정암)의 서목(書目: 문서 목록)에 의하면, 7월 6일에 서명날인을 한 문서에는 "영남에 있던 왜적들이 해로와 육로가 점차 통하게 되어 정교한 총을 지닌 군사들을 급속하게 내려보낸다."라고 하였으며, 7일에 서명날인을 한 문서에는

"진주에 있던 왜적들의 일운(一運: 한 부대)이 5일 전주(全州)에 도착하여 6일 임실(任實)·남원(南原)을 향해 출발했다."라고 하였다.

병조 판서(兵曹判書) 이항복(李恒福)이 장계를 올려 아뢰기를, "신(臣)이 심 유격(沈遊擊: 심유경)이 왜적을 대동하고 먼저 온 일에 대한 자문(咨文: 공식 외교문서)을 가지고 경략(經略: 송응창)에게 가서 바쳤고, 또 우리나라가 답답해하는 뜻을 극구 말하였더니, 경략은 뜻을 이미 정하고 있었기 때문에 진달(陳達)하여 청한 모든 것을 다 옳다고 보고서 트집을 잡지 않았습니다. 신(臣) 또한 사리(事理)를 들어 시비를 가리는 데 힘들이지 않고 다만 대면하여 보며 이야기하기를 청하였더니, 경략이 처음에는 머물러 있도록 하면서 심유경(沈惟敬)이 오기를 기다렸다가 한꺼번에 만나보겠다고 하였습니다. 며칠이 지났을 때, 심 유격장이 오지 않는다는 것을 듣고서 장 기고관(張旗鼓官: 張九經)에게 신(臣)의 일 처리 방책을 아뢰며 또 노야(老爺: 송응창)를 만나 직접 말할 것이 있다고 하였더니, 그 기고관이 말하기를, '할 말이 있거든 품첩(稟帖)으로 대략 갖추시오. 내가 의당 나서서 올려주겠소.'라고 하였습니다. 신(臣)이 바로 관(關) 설치하는 일에 대하여 비변사(備邊司)의 계사(啓辭)에 따라 품첩을 만들어 올렸더니, 경략이 다 보고 나서 말하기를, '배신(陪臣: 이항복)의 말씀이 정말 옳소. 나 또한 왜적이 막 서쪽으로 향하려 한다는 것을 알고 있거늘, 어찌 유정(劉綎) 등이 지세(地勢) 살피는 한 가지 일만 위하여 뒤로 물러서려는 것이겠소? 의당 즉각 물러나 오지 못하도록 하겠소. 다만 그대의 나라 또한 관원을 보내어 지세를 살피는 데 함께 참여하도록 해서 조령(鳥嶺)만을 살필 필요가 없을 것이고, 더러는 선산(善山)·대구(大邱) 등지에도 요망대(瞭望臺: 전망대)를 설치하는 것이 좋겠소. 게다가 왜장은 이미 경성(京城) 밖에서 단속하도록 하였으니, 결단코 앞서서 오는 것을 허락하지 않겠소. 나는 심유경을 중하게 치죄하고자 하나, 때마침 아직 일을 완수하지 못한 데다 저가 이미 왜장과 같은 곳에 있어 한스럽게도 즉시 규명할 수가 없소. 배신(陪臣) 또한 반드시 힘쓰고 서둘러야 할 것이니 더 말할 필요가 없고, 곧바로 돌아가시오.' 하였습니다."라고 하니, 전교하기를, "알았다."라고 하였다.

25일 영상(領相: 영의정 崔興源)의 서목(書目: 문서 목록)을 보니, 강릉 참봉(康陵參奉) 이동(李彤: 李肜의 오기)·이경(李經: 李彩의 오기)이 이 제독(李提督: 이여송)에게 첩문(帖文)을 직접 바쳐서 지극히 놀라게 하여 감옥에 가둔 일이었다. 비망기(備忘記)에 이르기를, "문득 경(卿: 이덕형)의 서장(書狀)에 쓰인 이융(李肜)과 이채(李彩)의 일을 보고서 저절로 깜짝 놀라 얼굴빛이 바뀌었고 머리털이 꼿꼿이 섰다. 이미 막대한 변란(變亂)을 만나 살아 있는 백성들이 어육(魚肉: 아주 결딴남)이 되었는데, 다시 막대한 변고(變故)를 만나 신하와 백성들을 역적으로 빠뜨렸으니, 내가 산들 무엇을 할 수 있으랴? 곧바로 먼저 죽어 아무 소리도 들리지 말기를 바랄 뿐이다. 이융(李肜)이 후일에 쓴 글은 참으로 논할 것도 없지만, 그가 첫날에 쓴 글을 보자면 그의 마음이 아무리 왜적을 토벌하는데 다급했을지라도 편장(篇章) 가득히 아닌 것이 없이 모두 공갈로 협박하여 다그치는 뜻이었다. 이 제독(李提督: 이여송)이 어떤 사람인가. 지위가 5등의 반열에 있고, 황제가 직접 파견한 장수가 아니던가. 하방(下邦: 소국)의 소신(小臣: 미천한 신하)이라고 하였으니, 어찌 감히 당돌하게도 이처럼 희롱하고 업신여길 수 있단 말인가. 이 한 구절이야말로 이미 말할 수도 없거니와, 하물며 글 속에는 매우 해괴하고 경악스러운 말이 있음에랴. 분명히 후일에 써 보낸 장본(張本)에서 이런 말들을 어찌 천장(天將: 명나라 장수, 이여송)에게 들리도록 했단 말인가. 더욱 엄하게 통렬히 바로잡아서 서지(鼠志: 하찮은 뜻)를 제멋대로 행하지 못하도록 하고, 그렇지 않으면 형틀에 묶어서라도 듣도록 해야 했지만, 경(卿: 이덕형)은 그의 서장(書狀)을 힘껏 보지도 않은 채 또한 능히 엄하게 더욱 단속하지도 않고 도리어 그가 거리낌 없이 하도록 하여서 오늘의 막대한 변고를 불러들였으니, 나는 다만 스스로 하늘만 바라보며 길이 탄식할 뿐이다. 그리고 경(卿)의 서장 안에 운운하면서 단지 이 두 글만을 올려보낸 것은 무엇 때문인가? 제독(提督: 이여송)이 만일 모두 보여 주지 않으면 이융(李肜) 등이 시종 답한 말을 구하여 빠짐없이 등서(謄書)하여 올려보내도록 하라."라고 하였다.

비변사(備邊司)에서 장계(狀啓)를 올려 아뢰기를, "왜적이 우리와 죽음을 무릅쓰고 맹렬하게 서로 싸운 지 1년이 지났습니다. 무릇 우리를 함정에 빠뜨리게 할 것으로 계책을 갖가지 내었는데, 노새와 말을 공물(貢物)로 바치고 부산(釜山)을 할양하기로 했다는 등의 말을 터무니없이 날조하고 그 비어(飛語)를 미끼로 천장(天將: 명나라 장수)을 현혹하고자 온 힘을 쓰지 않음이 없고도 오히려 감히 부적(附賊: 우리가 왜적에게 빌붙음)이란 두 글자를 성취하지 못한 것은 진실로 우리나라가 시종 조치한 것이 명백하고 떳떳했으므로 왜적 또한 이와 같은 무망(誣罔: 기만책)으로 중국과 우리의 사이를 이간질할 수 없다는 것을 안 까닭입니다. 뜻밖에도 우리 군사가 중국군을 쏘았다는 석천(射天)이란 말이 도리어 우리나라에서 나와 온 나라의 신하와 백성들을 절로 죄역(罪逆: 바른 도리에 거스른 반역)에 빠뜨리는 변란 외의 변고가 생겼으니, 말하면 매우 안타깝습니다. 그의 본심을 살펴보건대 비록 어리석고 망령된 데서 연유한 것일지언정, 실로 단련(鍛鍊: 죄를 조작)할 것 같으면 매국죄를 적용할 수 있습니다. 지금 천조(天朝: 명나라)의 많은 문무 관리들이 앞뒤로 삼나무처럼 빼곡히 널려 있어, 앞으로 이번과 같은 근심이 반드시 없을 것이라고 보장하기 어려우니, 미리 잘 처리하지 않는다면 나중에는 반드시 후회하게 될 것입니다. 우의정(右議政) 유홍(兪泓)이 이미 그곳에 있으니 급히 선전관(宣傳官)을 보내어 유시(諭示)하기를, '도성 안에 있는 여러 재상(宰相)과 함께 추국(推鞫)하는 데 동참하되, 〈왜적이 우리의 경계에 도착했을 때〉라고 한 이하의 한 구절 말은 반복해서 엄하게 추궁하여 그의 「성문을 열어 받아들이고 부적(附賊: 우리가 왜적에게 빌붙음)과 석천(射天: 우리가 중국군에게 활을 쏨)했다.」 등의 말이 근거도 없이 속이려고 스스로 조작한 것이라는 곡절을 충분히 드러내어 훗날 의거할 만한 근거로 삼은 뒤에야 이채(李彩)와 이융(李肜)을 효시(梟示)하라.'라고 하소서. 영의정(領議政) 최흥원(崔興源)이 때마침 아직 출발하지 않았으니 역시 추국에 동참하게 하소서. 그리고 죄에는 수범(首犯: 주모자)과 종범(從犯: 방조범)이 있으니, 이채(李彩)와 이융(李肜) 형제를 모두 죽이기는 어려울 듯합니다. 이채(李彩)도 똑같이 조사하여 진술을 받아내고 엄히 가두고 조정의 처치를 기다리면서 아울러 하서(下書)에 언급하는 것이 어떠하겠습니까? 접반사(接伴使)의 소임은 한갓 종종걸음으로 분주히 공급하는 것만 일컫지 않습니다. 관장하고 있는 도성 구역에서 이러한 해괴한 일이 있었는데도 끝내 금하지 못하였으니, 이덕형(李德馨)의 처치 또한 몹시 해괴하여 경악스럽습니다. 청컨대 엄중하게 캐물어서 밝히는 것이 어떠하겠습니까?"라고 하였다. 비망기(備忘記)에 이르기를, "이 일은 처리가 지극히 어려우니, 곧바로 우리나라에서 경솔하게 추국(推鞫)하여 참(斬)한다면 도리어 천장(天將: 명나라 장수)의 의심을 살 일이다. 이른바 후일의 증거로 남기겠다고 한 말을 제대로 이해하지 못하겠으니, 내 생각에는 불가한 듯하다. 사람의 마음은 예측할 수가 없는데, 이처럼 근거 없는 일을 날조하고도 전혀 조금의 거리낌이 없으니 곧바로 우망(愚妄)하다고만 이를 수 없는 것이다. 법률로 보면 응당 난역죄(亂逆罪)이거늘 단지 참수(斬首)하여 보이려고만 하니 또한 이해하지 못하겠다. 다시 의논하여 아뢰도록 하라."라고 하였다.

비변사(備邊司)에서 장계(狀啓)를 올려 아뢰기를, "옥사(獄事)는 크고 작음을 가리지 않고 잡아다가 국문하여 실정을 캐내어 법대로 죄를 처벌하는 것이 바로 정해진 법칙입니다만, 지금은 변란 외의 변고까지 만났으니 옥사가 관례와 다를 수밖에 없습니다. 신(臣)들의 망령된 생각으로는 만약 잡아 온다면 천장(天將: 명나라 장수 이여송)의 뜻에 만족스럽지 않음이 있을까 두려워 이처럼 아뢰어 청하나이다. 지금 성상(聖上)의 하교(下敎)를 받드니 지극히 황공함을 이기지 못합니다. 급히 의금부 도사(義禁府都事)와 선전관(宣傳官)을 보내어 이융(李肜)과 이채(李彩) 두 사람을 모두 잡아 와서 엄히 국문하고 실정을 캐낸 후에 널리 의논해 처리하는 것이 어떠하겠습니까?"라고 하니, 답하기를, "잡아 오는 것은 더 불가한 듯하다. 되풀이하여 아무리 생각해 보아도 나 또한 시행할 만한 아무런 계책이 없어 한갓 스스로 분개할 뿐이다. 오늘의 계획은 천장(天將: 이여송)이 만에 하나도 의심하지 않게 하는 것뿐이고, 죄의 경중(輕重)을 정하는 일은 다음으로 해야 할 것이다. 오늘은 밤이 깊었으니, 내일 본사(本司: 비변사)의 당상(堂上) 및 정원(政院)이 각기 헌의(獻議: 의논한 결과)를 올리고 기필코 잘 처리하라."라고 하였다.

7월 29일 전교(傳敎)하기를, "송 경략(宋經略: 송응창)의 게첩(揭帖: 간단한 공문서) 안에 감박한(甘朴寒: 關白의 의성 표기)을 평수길(平秀吉)이라고 했다 하니, 이 말이 어디에서 나왔으며, 비변사(備邊司)도 아는 것인지, 무엇을 근거로 사소하지 않은 중대한 일을 이처럼 말했는지 물어서 답하도록 하라."라고 하고서 이어 전교하기를, "비록 이런 말이 없더라도 경략(經略: 송응창)은 겁내어 전진할 뜻이 없는데, 만약 이 말을 듣는다면 필시 더 두려워하고 꺼릴 것이다. 어떻게 할 것인지 비변사가 의논하여 아뢰도록 하라."라고 하였다. 회계(回啓: 의논하여 대답함)하여 말하기를, "평수길(平秀吉)을 감박한(甘朴寒)이라고 한다는 것은 이일(李鎰)이 포로가 되었다가 도망쳐온 사람에게 들었다고 했기 때문에, 비록 적확한 보고는 아닐지라도 들은 바가 이와 같아서 품첩(稟帖: 청원서) 속에 넣고자 하였으나, 지금 성상(聖上)의 하교(下敎)를 받으니 참으로 온당합니다. 넣지 않아도 무방하겠습니다."라고 하니, 답하기를, "알았다. 그러나 범상치 않은 일로 여겨지니 거추(巨酋: 우두머리 오랑캐)라는 뜻의 어구(語句)를 만들라."라고 하였다.

8월 1일 심 영부사(沈領府事: 沈守慶)가 장계(狀啓)를 올려 말하기를, "신(臣)이 연로하여 벼슬을 그만두고 물러나 돌아가기를 청하였으나 윤허를 받들지 못하여 답답한 마음에 침묵하고 머물러 있은 지가 달이 이미 바뀌었습니다. 근래에 이질(痢疾)을 앓았는데, 병이 보름 동안이나 낫지 않고 거의 목숨이 위태로운 지경까지 갔다가 겨우 소생하였습니다. 팔십 노인의 죽음은 아침저녁을 예측할 수 없는지라, 주상께서 장차 경성(京城)으로 나아갈 때도 신(臣)은 형편상 말을 타고 대가(大駕)를 수행할 수가 없으니 이 또한 민망스럽습니다. 신(臣)이 물러나기를 청하려고 해도 정세가 복잡다단하여 감히 다 아뢰지 못하였으나, 날씨가 차가워지니 객지에서 지내는 것이 더욱 어렵습니다. 지금 비록 물러가더라도 만약 죽지 않고 살아있다면 가을과 겨울 사이에 또한 다시 대궐 아래에 나아가겠으니, 삼가 바라옵건대 특별히 휴가를 주는 예에 따라 우선 물러가도록 허락해 주소서."라고 하니, 답하기를, "이러한 때에 대신(大臣)이 어찌 물러갈 수 있겠으며, 어찌 반드시 동시에 대가(大駕)를 따를 필요가 있겠는가?"라고 하며, 이에 따르는 것을 윤허하지 않았다.

八月十三日(甲午)。晴。宿德源府。

坐起如前。是日, 見朝報, 七月十五日, 備忘記[351]曰:"觀秀吉

---

之志, 陰謀益勾, 其氣日驕, 想已爲添兵而來, 期呑西南, 其勢必
非數年可解。以我國兵力, 決無却退之理, 雖較以留在天兵, 不
過三四萬, 而疲餒也已甚, 恐未易敵。上年, 奏請之時, 以水·陸
並進爲辭, 而天朝, 只發陸兵矣。又曾見通報乎[352], 有人忘其名,
題奏[353]請發浙江[354]水兵, 直接[355]賊巢窟云云。予意則今宜極陳:
'兩南若爲賊所據, (則)國無亡日[356], 天下自此多事矣。願依張亮[357]·
蘇定方[358]古事, 大發水兵, 并載粮餉, 或自天津[359]發舟, 或自登·
萊[360]開洋, 擧帆直趍小邦平安·黃海等處, 循兩南[361], 以小邦人,

---

352 乎(호): 中의 오기인 듯.

353 題奏(제주): 題本과 奏本의 통칭. 제본은 公事에 관한 上奏書이고, 주본은 私事
에 관한 상주서이다.

354 浙江(절강): 浙江省. 중국 동부의 동중국해 연안에 있는 성.

355 接(접): 擣의 오기.

356 國無亡日(국무망일): 國亡無日의 오기.

357 張亮(장량): 당나라 장수. 당나라 태종이 고구려를 정벌할 때, 그가 거느린 수군
이 평양을 곧장 공격하지 않고 요동반도 남단에 자리 잡은 卑沙城을 공격하여,
정작 주 교통로인 遼河 中路는 비워놓았는데, 나중에 당나라 태종이 본군을 이
끌고 요하 중로를 이용하여 요동성으로 진군하도록 한 고사가 있다.

358 蘇定方(소정방): 당나라 장수. 660년(백제 의자왕 20) 3월 羅唐연합군의 대총
관으로서 13만의 당군을 거느리고 山東반도에서 황해를 건너 신라군과 함께 백
제를 협공, 泗沘城을 함락, 의자왕과 태자 隆을 사로잡아 당나라로 송치한 고사
가 있다.

359 天津(천진): 중국 河北省 동부에 있는 지명.

360 登萊(등래): 登州와 萊州. 등주는 중국 山東省 龍口市에 있는 지명이고, 내주는
산동성 동부 해안에 있는 지명이다.

361 兩南(양남): 문맥상 海而南의 오기인 듯.

作爲餉導[362], 至熊川[363]·釜山等處, 與小邦水兵, 協力進勦, 覆賊
巢穴, 水陸挾擊, 則一擧而殲盡醜類, 天兵允暢[364], 萬世無虞.'云
云, 何如? 然此落落[365]難合, 天朝恐或不從, 然在(我)陳奏, 則似
不可已. 予日夜憂憤, 此賊不討, 生猶死耳, 未嘗一刻忘于懷, 而
無他善策, 故陳奏如是。卿等亦念及乎否? 友復[366]參詳, 籌度曲
折以啓." 回啓[367]曰: "伏承聖敎, 仰惟聖上爲宗社萬世之讐, 必欲
勦蕩, 灑雪而後已, 臣等不勝感激之至。竊觀中國之人, 以先聲
後實[368]爲兵家之勝策, 故每爲如此誇大之言, 或云水陸幷進, 或
云直接巢窟, 何嘗實有此計乎? 況今風氣漸高, 海路漸難, 動天
下之兵, 付之舟楫之中, 中國之人, 恐不肯[369]許也。其在我國之
道, 只哀辭告憫而已。將此等項之語, 至於陳奏, 有若指揮者然,
恐或未安(也)。無已, 則以此計策, 通議[370]於經略, 使之題稟, 事
勢穩當矣。大抵, 今日之勢, 兵非不足, 天將以苟冀無事爲良計,

---

362 餉導(향도): 嚮導의 오기.

363 熊川(웅천): 경상남도 진해시 웅천동 지역에 있었던 縣 이름.

364 天兵允暢(천병윤창): 天威遠暢의 오기인 듯.

365 落落(낙락): 작은 일에 얽매이지 않고 대범함.

366 友復(우복): 反復의 오기.

367 《宣祖實錄》 1593년 7월 15일 3번째 기사임.

368 先聲後實(선성후실): 먼저 말로써 놀라게 하고, 실력은 뒤에 가서 보여줌. 전쟁
에서 처음에는 적에게 공갈을 함으로써 싸우지 않고 이겨야 하며, 만부득이한
경우에만 무력으로 공격해야 한다는 뜻이다.

369 不肯(불긍): 不肯의 오기.

370 通議(통의): 함께 모여 의논함.

徒恃不可成之和議, 留屯(此)之兵, 不盡南下, 已調之兵, 亦不赴
賊。孤城危急而不援, 匈賊旁掠而不勤, 坐費軍粮, 民生國勢, 漸
至於無可奈何。爲今之計, 莫若以至誠, 感動經略提督之意, 使
之協力我兵, 銳意進勤, 則庶可退却此賊。而臣等才劣識暗, 無
計辦此, 煎悶<sup>371</sup>而已。敢啓。"答曰:"知道。"院啓:"工曹判書金命
元, 一年專政, 無功能可稱之實, 有畏縮難掩之迹, 尙無譴罰<sup>372</sup>,
公論久鬱, 請遆其職。"答<sup>373</sup>曰:"雖無立功之事, 其勞苦, 夫豈小
哉? 不允。"備邊司啓曰:"似聞凶賊, 必欲攻陷晉州, 分道攻之, 三
嘉·宜寧<sup>374</sup>之間, 偵探之人不通云, 必須提督領率各陣兵前進, 方
可却退。此意, 陳請于提督, 或移咨, 或稟帖, 或命在京大臣, 懇
陳切迫之意, 期於感動, 如何?"答曰:"依啓。"七月十六日, 慶尙
左道監司韓孝純<sup>375</sup>書目, 西生浦<sup>376</sup>倭賊五級事, 西生浦屯賊, 自

---

371 煎悶(전민): 가슴을 태우며 몹시 민망히 여김.
372 譴罰(견벌): 허물을 꾸짖어 처벌함.
373 《宣祖實錄》 1593년 7월 15일 4번째 기사임.
374 宜寧(의령): 경상남도 중앙에 있는 고을. 동쪽은 창녕군, 동남쪽은 함안군, 서쪽
    과 북쪽은 합천군, 서남쪽은 진주시와 접한다.
375 韓孝純(한효순, 1543~1621): 본관은 淸州, 자는 勉叔, 호는 月灘. 1576년 식년
    문과 급제, 검열·수찬을 거쳐 1584년 寧海府使에 임명되었다. 1592년 임진왜란
    이 일어나자 8월 영해에서 왜군을 격파하고 경상좌도 관찰사에 승진, 순찰사를
    겸임해 동해안 지역을 방비하며 군량 조달에 공을 세웠다. 1594년 병조참판,
    1596년 경상도·전라도·충청도의 體察副使가 되었다. 그 해 閑山島武科에 試
    官으로 참여하고, 통제사 李舜臣과 함께 수군강화에 힘썼다. 그 뒤 지중추부사
    가 되었다가 남해 지역의 도순찰사로 해상군비 강화에 계속 노력하였다. 1598년
    전라도 관찰사로서 병마수군절도사를 겸하였다. 이듬해 전라 좌수사 이순신 막
    하의 戰船監造軍官으로 있으면서 거북선 건조에 공이 많았던 羅大用의 건의를

焚其幕無遺, 登船前洋, 漂泊事. 領相³⁷⁷書曰, "賊退之初, 都中
避亂士女雲集, 日望車駕, 而趑未還都, 稍稍還散, 其中飢餒, 不
能出戶者, 死亡相繼, 積屍盈路, 慘惻之狀, 難以盡達. 伏聞留駐
海州云, 竊恐都民缺望³⁷⁸, 尤有甚於留駐關西之日也. 今者, 都
中別無拘碍之事, 趑速還都, 以謝輿情." 進奏書狀, 還下于政院,
曰: "當自此爲之." 別無回答之事矣. 備邊司啓曰: "卽日引見時,
下敎斬倭許科事, 初試後又設覆試, 而如有斬倭之人, 不赴覆試,
許科乎? 臣等親承聖敎, 而有所未瑩, 故敢稟." 傳于同副, 曰: "此
草記³⁷⁹, 未得解見, 承旨以口讀解入." 回啓曰: "臣伏聞傳敎, 則
下三道設初試若干, 而其中斬倭者, 直爲許科, 其餘則待事定日

---

받아들여 거북선 모양의 소형 무장선인 鎗船 25척을 건조하도록 하였다. 1604
년 이조판서에 이르렀다. 다음해 평안도 관찰사·판중추부사 등을 거쳐, 1606년
우찬성·판돈녕부사 등을 역임하였다. 1610년 다시 이조판서를 역임한 뒤, 1616
년 우의정을 거쳐 좌의정에 올랐다.

376 西生浦(서생포): 울산광역시 울주군 서생면 서생리에 있는 포구. 1593년 왜군이
   이곳까지 쫓겨와서 지구전을 펴기 위하여 돌로 쌓은 城이 있다.

377 領相(영상): 영의정 崔興源(1529~1603)을 가리킴. 본관은 朔寧, 자는 復初, 호는
   松泉. 1555년 소과를 거쳐 1568년 증광문과에 급제하여, 장령·정언·집의·사간을
   역임하였으며, 이어 동래와 부평의 부사를 지냈다. 1578년 승지로 기용되고, 1588
   년 평안도관찰사가 되었다. 이후 지중추부사를 거쳐 1592년 임진왜란이 일어나자
   경기도와 황해도 순찰사, 우의정·좌의정을 거쳐 柳成龍의 파직에 따라 영의정에
   기용되었다. 임진왜란 당시 왕을 의주까지 호종했던 공으로 1604년 扈聖功臣에
   追錄되었다.

378 缺望(결망): 불만이 있어 원망함.

379 草記(초기): 조선 시대 각 官署에서 국왕에게 올리는 문서. 정무상 중대하지 않
   은 사항을 그 내용만 간단히 적어 올리는 서식이다.

後, 覆試許科之意, 而邊司有所未瑩, 而敢稟矣."傳曰:"承旨之
言是矣."以此答之. 院啓[380]曰:"醴泉郡守鄭士[381], 當上年事變之
初, 身居臺官之列, 托以私親, 上疏請歸. 自上至下不可私顧之
敎, 而纔出京城, 便奔妻父任所, 求得倭級, 以圖免罪之地. 遽爾
收斂[382], 物情[383]已爲未便, 今授本職, 公論益激. 請命罷職, 以懲
人臣遺君不忠之罪."答曰:"依啓."晉州陷城時【六月二十九日】, 守
城戰死諸將,　高從厚[384]·成鷲[385]·高得賚[386]·崔慶會·金千鎰·黃

---

380《宣祖實錄》1593년 7월 16일 1번째 기사임.

381 鄭士(정사): 鄭士信(1558~1619)의 오기. 본관은 淸州, 자는 子孚, 호는 梅窓·
神谷. 1582년 식년문과에 급제, 저작·박사·감찰·정언·예안 현감·병조정랑·부
수찬 겸 경연 검토관·춘추관 기사관·전적·예조정랑·수찬 등을 지냈다. 1592
년 임진왜란 때 지평으로서 왕을 따라 평양으로 피난중 盤松亭에서 이탈하였다
하여 삭직당하였다. 그 뒤 강원도지방에서 의병을 모아 많은 왜적을 무찌른 공
으로 1594년 경상도 도사, 1595년 선산 군수가 되고 1609년 문과중시에 급제하
였다.

382 收斂(수렴): 收斂의 오기인 듯.

383 物情(물정): 세상의 이러저러한 실정이나 형편.

384 高從厚(고종후, 1554~1593): 본관은 長興, 자는 道沖, 호는 隼峰. 光州 출신.
형조좌랑 高雲의 증손으로, 할아버지는 호조참의 高孟英, 아버지는 의병장 高
敬命이다. 1570년 진사가 되고, 1577년 별시 문과에 급제하여 臨陂 縣令에 이르
렀다. 1592년 임진왜란 때 아버지 고경명을 따라 의병을 일으키고, 錦山싸움에
서 아버지와 동생 高因厚를 잃었다. 이듬해 다시 의병을 일으켜 스스로 復讐義
兵將이라 칭하고 여러 곳에서 싸웠고, 위급해진 진주성에 들어가 성을 지켰으며
성이 왜병에게 함락될 때 金千鎰·崔慶會 등과 함께 南江에 몸을 던져 죽었다.

385 成鷲(성취, ?~1593): 본관은 昌寧, 자는 公仲·揚仲. 거주지는 東萊. 1572년
무과에 급제하였다. 東部主簿를 지냈다.

386 高得賚(고득뢰, ?~1593): 본관은 龍潭, 자는 殷甫. 1577년 무과에 급제하고,
於蘭萬戶와 防踏僉節制使 등을 지냈다. 모친상을 당하여 고향인 남원에 있다가

璡·金俊民·成永建[387]·李宗仁·李潛[388]·姜姬悅[389]·鄭命世·徐禮
元[390]·姜姬輔[391]·曹京亨·蔡謙進[392]·南景星[393]·安喜·李禮壽[394]·

---

1592년 임진왜란이 일어나자 의병장 崔慶會 휘하의 부장이 되어 장수·무주·
금산 등지에서 왜병과 맞서 싸웠다. 그 공로로 평창군수에 임명되었으나 부임하
지 않았다. 1593년 진주성이 위급하자, 최경회와 함께 성에 들어가 다른 의병과
협력하여 성을 지키다가 전사하였다.

387 成永建(성영건, 1538~1593): 본관은 昌寧, 자는 景起. 1577년 무과에 급제하였
다. 都事를 지냈다.

388 李潛(이잠, 1561~1593): 본관은 全州, 자는 原仁. 1592년 임진왜란 때 도체찰
사 鄭澈의 막료로 있었는데, 敵愾義兵將 邊士貞이 이잠의 현명함을 듣고 청하
자 부장이 되었다. 1593년 진주성의 위급함을 듣자 주위의 만류를 뿌리치고 300
명의 군사를 거느리고 나아가, 黃進 등과 더불어 싸우다가 성의 함락과 함께
전사하였다.

389 姜姬悅(강희열, ?~1593): 본관은 晉州, 자는 士賢, 호는 石灘亭. 무과에 급제
하여 奉事로 재직 중, 1592년 임진왜란이 일어나자 형 姬輔와 더불어 창의하여
高敬命을 따라 금산전투에 참전하여 패배하자, 잠시 향리인 순천으로 돌아갔다.
1593년 진주성의 위급함을 듣고 의병을 이끌고 이계남과 진주성으로 달려가 최
경회와 황진 등과 더불어 싸우다가 전사하였다.

390 徐禮元(서예원, 1548~1593): 1585년 회령의 甫乙下鎭僉節制使로 정탐의 임무
를 띠고 두만강을 건너 오랑캐 땅에 깊이 들어갔으나 80여 명의 부하를 모두
잃고 패주한 죄로 鐘城에 수감되었다. 그 뒤 석방되어 김해부사로 있을 때 1592
년 임진왜란이 일어나 성을 수비하던 중 적이 보리를 베어다가 성의 높이와 같게
쌓고 쳐들어오자 패주하였다. 그 뒤 의병장 金沔과 협력하여 지례의 왜적을 격
퇴하고, 1차 진주성싸움에 목사 金時敏을 도와 왜적과 항전하였다. 김시민이
병으로 죽자 경상우도 병마절도사 겸 순찰사 金誠一에게 발탁되어 진주목사가
되었으나 1593년 왜적이 재차 진주성을 공격해오자 성을 버리고 숲속에 숨어
있다가 살해당하였다.

391 姜姬輔(강희보, ?~1593): 본간은 晉州, 자는 士達, 호는 陶灘亭. 1592년 임진
왜란이 일어나자 동생 姬悅과 같이 의병을 일으켰고, 1593년 진주성으로 달려가
동생과 함께 싸우다가 전사하였다.

392 蔡謙進(채겸진, 1559~1624): 본관은 平康. 전라북도 臨陂 출신. 1592년 임진

金應達·李義精·宋悌·成守慶[395]云云。十七日, 備邊司啓[396]曰: "(行在)久住關西, 今已三度取人, 而其於七度[397]則未也。(四)爪牙[398]之士, 頗有不均之歎, 自今, 戰士缺乏, 極爲可慮。救急之策, (他)無所可措, 下三道, 先設武擧, 以鐵箭五矢三巡爲規矩, 全羅三千·慶尙左右各一千·忠淸一千試取[399]。初試入格[400]者, 斬一

---

왜란 때 동지와 家童 수백을 규합하여 李敬男을 부장으로 삼고, 의병장이 되어 각지에서 큰 공을 세웠다. 1604년 都摠府都事에 임명되었고, 이듬해 訓練院僉正에 제수되었다. 그리고 昆陽郡守와 晉州兵馬節制使에 제수되었다. 이로써 원문은 착종인 듯하다.

393 南景星(남경성, 생몰년 미상): 鄭慶雲의 〈孤臺日錄〉 1593년 8월 5일자에 "회덕현감 남경성이 왜적으로부터 도망쳐 왔다. 처음 남경성은 군사를 거느리고 영남에 도달해 진주성을 수비했다. 진주성이 함락되던 날, 일이 어쩔 수 없게 되었음을 알고 머리를 깎고는 靑衣를 입고 칼을 휘두르며 뛰쳐나와 많은 왜적 속에 섞여 들어갔다가, 熊川에 이르렀을 때 도망쳐 왔다."라고 되어 있는바, 1593년 진주성 전투에서 전사하지 않은 듯함. 이로써 원문은 착종인 듯하다.

394 李禮壽(이예수, ?~1593): 藍浦縣監 재임 중에 임진왜란이 일어났는데, 의병을 모집하여 인솔하고 진주 전투에 참전하였으나 끝내 전사했다.

395 成守慶(성수경, ?~1593): 본관은 昌寧. 음서로 진주판관에 임용되었다. 1592년 임진왜란이 일어나자 招諭使 金誠一에 의하여 발탁되어 군무를 맡아 성벽을 개수하고 무기를 수선하는 등 전비를 갖추었다. 1593년 6월 하순에 일어난 제2차 진주성 전투에서 분전하던 중 전사하였다.

396 《宣祖實錄》1593년 7월 16일 6번째 기사임.

397 其於七度(기어칠도): 其餘七道의 오기.

398 爪牙(조아): 손톱과 어금니라는 뜻으로, 매우 쓸모가 있는 사람이나 물건의 비유.

399 試取(시취): 조선 시대 때 과거를 통하지 않고 인재를 등용하는 일종의 특별 채용 시험. 武才를 시험하여 인재를 등용하는 것을 말하는데, 武科를 보기 위한 예비 시험, 무과에 급제한 자를 관직에 임명하기 위하여 행한 시험, 이미 해임된 자를 재차 관직에 임명하기 위한 시험, 녹봉 없는 軍)에게 녹봉을 주기 위한 시험 등 여러 종류가 있었다.

級, 先許科<sup>401</sup>, 多斬者, 爲壯元一等。全羅道, 則南原·雲峯<sup>402</sup>等,
賊蹤之邑, 慶尙道, 則如居昌<sup>403</sup>·咸陽<sup>404</sup>等處, 晉州傍邊之邑, 與
慶州<sup>405</sup>·梁山<sup>406</sup>·蔚山<sup>407</sup>·密陽<sup>408</sup>等處, 釜山不遠之邑, 忠淸道,
則如報恩<sup>409</sup>·黃澗<sup>410</sup>·槐山<sup>411</sup>·恩津<sup>412</sup>·公州<sup>413</sup>等處設科, 取他道

---

400 入格(입격): 雜科나 生員進士試, 또는 初試의 과거에 합격한 것을 이르는 말.
  이 경우는 及第라 일컫지 아니한다.

401 許科(허과): 과거를 보도록 허용함. 이때의 과거를 都試라 하는데, 조선 시대
  초시에 합격한 자를 銓曹에서 다시 모아 시험을 보게 하던 제도이다.

402 雲峯(운봉): 전라북도 남원시 동부에 있는 고을.

403 居昌(거창): 경상남도 서북쪽 경계부의 내륙 산간 분지에 있는 고을. 동쪽은 합
  천군, 서쪽은 함양군, 남쪽은 산청군, 북쪽은 경상북도 김천시와 전라북도 무주
  군에 접한다.

404 咸陽(함양): 경상남도 서북단에 있는 고을. 동쪽은 거창군·산청군, 서쪽은 전라
  북도 남원시와 장수군, 남쪽은 하동군, 북쪽은 거창군과 접한다.

405 慶州(경주): 경상북도 남동단에 있는 고을. 북동쪽은 포항시, 서쪽은 영천시·
  청도군, 남쪽은 울산광역시 울주군, 동쪽은 동해에 면한다.

406 梁山(양산): 경상남도 동북부에 있는 고을. 북동쪽은 울산광역시, 남동쪽은 부
  산광역시 기장군과 금정구, 남서쪽은 김해시, 북서쪽은 밀양시와 접한다.

407 蔚山(울산): 경상남도 북동단에 있는 고을. 동쪽은 동해에 면하며, 서쪽은 경북
  청도군과 밀양시·양산시, 남쪽은 부산 기장군, 북쪽은 경북 경주시와 접한다.

408 密陽(밀양): 경상남도 동북에 있는 고을. 동쪽은 울산광역시·양산시, 서쪽은 창녕
  군, 남쪽은 낙동강을 경계로 김해시·창원시, 북쪽은 경상북도 청도군과 접한다.

409 報恩(보은): 충청북도 남서부에 있는 고을. 동쪽은 경상북도 상주시, 서쪽은 대전
  광역시와 충청북도 청주시, 남쪽은 옥천군, 북쪽은 청주시와 괴산군에 접한다.

410 黃澗(황간): 충청북도 영동군 북부에 있는 고을. 남동쪽은 매곡면, 동쪽은 추풍령면,
  북쪽은 경북 상주시 모서면·모동면, 북서쪽은 용산면, 남서쪽은 영동읍과 접한다.

411 槐山(괴산): 충청북도 중앙부에 있는 고을. 동쪽은 경상북도 문경시·상주시, 서
  쪽은 진천군·청주시, 남쪽은 보은군, 북쪽은 음성군·충주시와 접한다.

412 恩津(은진): 충청남도 논산시 남서부에 있는 고을. 동쪽은 부적면·가야곡면, 남

之人與三道之人, 自喚赴擧者許試, 其中被圍之邑, 與南賊對陣
之卒, 乘船下海之人, 隨後許試。試官則元帥以下, 秩高將官及
堂上守令及堂下文武守令, 交雜差定[414], 試之如何?" 答曰: "依
啓。除割耳, 以全頭納驗後, 許科事." 政院啓[415]曰: "今者, 南賊
大熾, 內藏山[416]影幀及史冊, 移奉之擧, 一刻爲急。前因史官(乏
少), 須付待敎趙維韓[417]省冊[418]之行, 下書, 於拜辭數日之後祗受,
遲速固未可必, 而千里遠路, 公私竝行, 恐未能移奉, 極爲悶慮。
請史官一人, 不分晝夜, 馳驛下去, 只奉影幀及史冊, 姑置他書冊
而來, 事勢如或可爲, 則幷今撤運, 如何?" 傳曰: "依啓." 十八日,
備邊司啓曰: "稷山[419]縣監朴宜[420], 盡力防禦, 賊不入境, 已蒙賞

---

쪽은 연무읍, 서쪽은 채운면과 접한다.

413 公州(공주): 충청남도 동부 중앙에 있는 고을. 동쪽은 세종특별자치시·대전광
   역시, 서쪽은 예산군·청양군, 남쪽은 계룡시·논산시·부여군, 북쪽은 아산시·
   천안시와 접한다.

414 差定(차정): 임명하여 사무를 맡김.

415 《宣祖實錄》 1593년 7월 17일 4번째 기사임.

416 內藏山(내장산): 전라북도 정읍시 내장동과 순창군 복흥면의 경계에 있는 산.

417 趙維韓(조유한, 1558~1613): 본관은 漢陽, 자는 持國. 1589년 증광문과에 급제하
   여 1593년 검열·기사관·대교, 시강원 설서·사서를 두루 지냈으나 1594년 사람됨
   이 경망하여 講官의 반열에 끼어있게 할 수 없다는 사간원의 탄핵을 받고 파직되었다.
   1599년 권세가의 도움으로 형조좌랑에 재등용되었다. 평안도 도사·호조 좌랑·대동
   찰방·전주 판관을 역임한 다음 1605년 咸從縣令에 임명되었다가 파직되었다.

418 省冊(성책): 省母의 오기.

419 稷山(직산): 충청남도 천안시 서북구에 있는 고을.

420 朴宜(박의, 생몰년 미상): 인적 정보는 알 수 없으나, 《선조실록》 1592년 8월
   16일 7번째 기사에 직산 현감에 제수된 기록이 있음.

職[421], 今又支供[422]甚善, 唐將稱贊不已云, 今又帶職陞叙, 如何?"
傳曰: "依啓." 巡邊使書目, 六月卄一日, 自釜山出來, 甶遊擊[423]
親獲倭奴二百許, 還于梁山事, 人啓[424]. 十九日, 備邊司啓[425]曰:
"沈惟敬黨賊誤國之狀, 秀吉終無歸順之理, 未能盡於奏本, 事體
當然. 陪臣呈文, 則與題奏不同, 將此事, 備細呈文. 急速製述,
追送於黃璉, 何如? 且[426]朴晉等, 以沈惟敬之嗾唆, 被困[427]於甶
遊擊. 揭帖[428], 不如移咨之詳細, 將此狀啓事狀, 移咨何如?" 傳
曰: "依啓." 平安監司【李元翼】馳報內, "李提督差官[429]二員, 率降
倭二十八名, 自中和[430], 昨日入府, 當日發向順安[431]事." 二十日,
全羅監司【李廷馣】書目, 七月初六日成帖, "嶺南之賊, 水陸漸通,
精銃之士, 急速下送事." 初七日成帖, "晉州之賊, 一運初五日到全
州[432], 初六日發向任實[433]·南原之事." 兵曹判書李恒福啓[434]曰:

---

421 賞職(상직): 국가에 특별한 공로를 세우거나 풍속을 두터이 하는 데 공을 세웠을
　　때, 상으로 내리는 관직.

422 支供(지공): 음식물을 이바지함.

423 甶遊擊(관유격): 甶承宣.

424 人啓(입계): 임금에게 상주하는 글을 올림.

425 《宣祖實錄》 1593년 7월 18일 6번째 기사임.

426 《宣祖實錄》 1593년 7월 18일 4번째 기사임.

427 被困(피곤): 被棍의 오기.

428 揭帖(게첩): 어떤 일에 대하여 윗사람에게 아뢰는 간단한 글.

429 差官(차관): 일정한 임무를 맡긴 벼슬아치.

430 中和(중화): 평안남도 남부에 있는 고을. 동쪽은 황해도 수안군, 서쪽은 용강
　　군·강서군, 남쪽은 황해도 황주군, 북쪽은 강동군·대동군과 접한다.

431 順安(순안): 평안남도 북서부에 있는 지명. 平原郡에 속해 있다.

"臣以沈游擊帶倭前來事, 齎咨往呈經略, 且極陳我國悶迫之意, 則經畧之意已定, 故凡所陳請, 皆見肯可, 不能留難[435]。臣亦不費論辨, 只請面見, 有所講話, 則經略初許留, 待沈惟敬之來, 一時許見云。數日, 聞沈將不來, 稟臣行止[436]於張旗鼓[437], 且言要見老爺, 有所面講, 則旗鼓言：'如有所言, 略具稟帖, 我當進呈[438]。'云。臣卽以設關事, 依備邊司啓辭, 作稟帖進呈, 經略覽論[439], 曰：'陪臣之言, 正是正是。我亦知倭賊方欲西向, 豈可使劉綎等, 只爲相地[440]一事, 而有所退步耶? 當卽令勿爲退來也。但爾國, 亦可差官, 眼同[441]相地, 而不必鳥嶺[442], 或於善山[443]·大邱

---

432 全州(전주): 전라북도 중부에 있는 고을. 대부분이 완주군에 둘러싸여 있으며, 서남쪽의 일부가 김제시와 접한다.

433 任實(임실): 전라북도 중남부에 있는 고을. 동쪽은 진안군·장수군·남원시, 서쪽은 정읍시, 남쪽은 순창군, 북쪽은 완주군과 접한다.

434 《宣祖實錄》 1593년 7월 20일 1번째 기사임.

435 留難(유난): 트집을 잡음. 난처하게 만듦.

436 行止(행지): 일을 처리하는 방법.

437 張旗鼓(장기고): 張九經. 임진왜란 당시 조선으로 출병한 명나라 장수 宋應昌의 旗鼓官. 당시 명군에서 기고관은 일종의 비서관으로, 장구경은 상관인 경략 송응창의 지시 사항, 의도 등을 조선 조정에 전달했다. 조선 조정 역시 그를 통해서 경략의 지시 사항과 의사 등을 확인했다. 장구경은 송응창의 최측근이었으므로 조선은 그를 통해 정확하고 유용한 정보를 얻으려 하였다.

438 進呈(진정): 자진해서 건네줌.

439 覽論(남론): 覽訖의 오기.

440 相地(상지): 땅의 생김새를 살펴 길흉을 판단하는 일.

441 眼同(안동): 함께 입회하여 처리하는 것.

442 鳥嶺(조령): 경상북도 문경시 문경읍과 충청북도 괴산군 연풍면 사이에 있는 고개.

等處, 可設瞭堡[444]也。且倭騎[445]則已令拘於京城之外, 斷不許前
來。我欲重治沈惟敬, 時未事完, 且彼旣與倭將同處, 恨未卽究
耳。陪臣亦必務劇, 不必受辭[446], 便卽回去.'云。"傳曰:"知道."
二十五日, 領相[447]書目, 康陵[448]參奉李彤[449]·經[450], 自呈帖李提督
前, 極爲駭愕, 囚禁事。備忘記[451]曰:"忽見卿書狀, 李彤經等事,
不覺瞿然失色, 毛髮盡竪。旣置[452]莫大之變, 生靈魚肉, 又逢莫
大之變, 臣民陷逆, 予生何【缺】爲? 願卽先死無聽也。彤之後日之
書, 則固不可論, 而卽其初日之書而觀之, 其心雖急於討賊, 而滿
篇無非, 劫脅恐喝逼迫之意。李提督是何等人? 非位列五等, 身

---

443 善山(선산): 경상북도 서부 중앙에 있는 고을.

444 瞭堡(요보): 瞭望의 오기. 높은 곳에서 적의 형세를 살피어 바라봄.

445 倭騎(왜기): 倭將의 오기인 듯.

446 受辭(수사): 更辭의 오기인 듯.

447 領相(영상): 영의정 崔興源(1529~1603)을 가리킴. 본관은 朔寧, 자는 復初, 호
는 松泉. 1568년 증광문과에 급제, 장령·정언·집의·사간을 역임하였으며, 이
어 동래와 부평의 부사를 지냈다. 1578년 부평 부사로 재임 중 孝陵의 監役이
문제 되어 파직되었다가 다시 승지로 기용되고, 1588년 평안도 관찰사가 되었
다. 이후 지중추부사를 거쳐 1592년 임진왜란이 일어나자 우의정·좌의정을 거
쳐 柳成龍의 파직에 따라 영의정에 기용되었다. 이듬해 병으로 사직, 영돈녕부
사, 寧平府院君에 봉해졌다.

448 康陵(강릉): 조선 제13대 왕 明宗과 명종비 仁順王后 沈氏의 능.

449 李彤(이동): 李彤의 오기.(이하 동일) 본관은 全州. 한성판윤 李憲國의 종손.
李彩와 형제이다.

450 經(경): 彩의 오기.(이하 동일) 李彩. 李彤과 형제이다.

451 《宣祖實錄》1593년 7월 24일 2번째 기사임.

452 置(치): 値의 오기.

膚推轂<sup>453</sup>者乎? 下邦小臣, 何敢唐突玩侮如是? 此一句, 已不可言之, 況於其中, 有極駭愕之說。明後書之張本處, 此豈可聞於天將者乎? 所可嚴加痛繩<sup>454</sup>, 俾不得恣行鼠志, 不爾則猶可械繫以聞, 而卿不能痛見其狀, 又不能嚴加禁斷, 反使恣其所爲, 以致今日莫大之變, 予只自仰天, 長吁而已。且卿書狀內云云, 只此二書上送, 何耶? 提督, 如不並爲出示, 則彤等終始所答之語求得, 無遺謄書上送." 備邊司啓<sup>455</sup>曰: "賊與我, 血戰經年。凡所以陷我者, 爲計百端, 貢驢·貢馬, 設<sup>456</sup>害<sup>457</sup>釜山等語, 搆虛捏無<sup>458</sup>, 釣間飛謀<sup>459</sup>, 以眩天將者, 無所不用其極, 而猶不敢做得<sup>460</sup>'附賊'二字者, 誠以我國終始處置者, 明白理直<sup>461</sup>, 賊亦知不可以此等誣罔間之故也。不料射天<sup>462</sup>之語, 反出我國, 擧一國臣民, 自陷於罪逆, 變外變生, 言之痛惋。原其本情, 雖緣愚忘, 實若鍛

---

453 推轂(추곡): 전통 시대 중국에서 제왕이 장군을 파견하던 군사 의례 또는 특정인을 특정 지위에 추천하던 행위. 秦漢 이전에는 전차가 군사력의 핵심이었기에 장군을 파견할 때 推轂 의례가 있었다.

454 痛繩(통승): 철저히 법에 의해 징벌함.

455《宣祖實錄》1593년 7월 24일 3번째 기사임.

456 設(설): 許의 오기.

457 害(해): 割의 오기인 듯.

458 搆虛捏無(구허날무): 없는 사실을 있는 것처럼 거짓으로 그럴듯하게 꾸며 만들어냄.

459 飛謀(비모): 飛語의 오기.

460 做得(주득): 성취함.

461 理直(이직): 이치가 닿음. 떳떳함.

462 射天(석천): 우리의 군사가 중국 군대에게 활을 쏘았다는 말.

鍊<sup>463</sup>, 罪實賣國。今日, 天朝文武諸官, 前後森布, 前頭如此之
患, 難保其必無, 不豫爲善處, 後必噬臍<sup>464</sup>。右議政兪泓, 旣在其
處, 急遣宣傳官, 諭以'與都中諸宰, 同慘推鞫, 以賊到我境之時,
以下一款語, 反復嚴詰, 十分著其「開門納賊, 附賊 · 射天」等語之
所以無根無影, 自爲鑿空之由, 以爲他日有據之地, 然後彩彤梟
示.' 領議政崔興源, 時未發行, 則亦令同參。且罪有首從, 彩 · 彤
兄弟, 似難並誅。一樣取招<sup>465</sup>後, 嚴囚李彩, 以待朝廷處置事, 並
及於下書如何? 接伴之任, 非徒趨走供給之謂。所管門下, 有此
怪事, 終不能禁, 李德馨處置, 亦極駭愕。請推考, 如何?"備忘記
曰: "此事, 處置極難, 直自我國, 率爾<sup>466</sup>推鞫而斬之, 則反起天將
之疑。所謂他日有據之說, 未能解見, 予意似爲不可。人心不測,
做出<sup>467</sup>如此無形之事, 曾不<sup>468</sup>小憚, 不可便謂之愚妄。律應亂
逆<sup>469</sup>, 而只欲斬示, 亦未能解得。更議以啓." 備邊司啓<sup>470</sup>曰: "獄
無大小, 拿鞫得情, 按律之罪, 乃定法, 而今遭變外之變, 事異故

---

463 鍛鍊(단련): 대장장이가 쇠붙이를 달구어 별의별 연장을 만들어내는 것처럼, 검
　　찰관이 法條文을 교묘히 이용하여 없는 죄를 조작해 내는 것.

464 噬臍(서제): 배꼽을 물어뜯음. 배꼽을 물어뜯으려 하여도 입이 닿지 아니한다는
　　뜻으로, 일을 그르친 뒤에는 후회하여도 어찌할 수 없다는 말이다.

465 取招(취초): 죄를 저지른 사람을 조사하여 진술을 받아냄.

466 率爾(솔이): 신중하지 않고 소홀함.

467 做出(주출): 做作. 없는 사실을 꾸미어 만듦.

468 曾不(증불): 전혀 ~하지 않음.

469 亂逆(난역): 통치자나 통치 세력에 저항하여 통치권을 빼앗으려고 꾀함.

470《宣祖實錄》1593년 7월 24일 4번째 기사임.

常[471]。臣等妄意, 若見拿來, 則恐於天將之意, 有所未快, 如是啓
請矣。今承聖教, 不勝惶恐之至。急遣義禁府都事及宣傳官, 彤·
彩二人, 并爲拿來, 嚴鞫得情後, 廣議處置如何?"答曰:"拿來,
尤似不可。反復思之, 予亦無策可施, 徒自憤惋。今日之計, 要使
天將, 萬不一款[472]於其說而已, 定罪輕重, 乃次也。今日夜深, 明
日, 本司堂上及政院, 各陳獻議[473], 期於善處。"七月二十九日,
傳[474]曰:"宋經畧前揭帖中, 以甘朴寒[475]爲平秀吉云, 此言出於何
處? 備邊司所知乎? 何所據而不少之事, 如是言之? 問答。"仍傳
曰:"雖無此言, 經畧畏懼, 無前進之意。若聞此言, 必加畏憚。如
何? 令備邊司議啓。"回啓[476]曰:"以平秀吉爲朴寒[477]言者, 臣李
鎰[478]聞於被擄逃亡之人云, 故雖非的報, 所聞如此, 欲入於稟帖

---

471 故常(고상): 관례. 상례.

472 款(관): 疑의 오기인 듯.

473 獻議(헌의): 신하들이 政事에 관한 의견들을 논의하여 그 결과를 임금에게 올림.

474 《宣祖實錄》 1593년 7월 28일 3번째 기사임.

475 甘朴寒(감박한): 關白의 擬聲 표기인 듯.《선조실록》에는 甘朴宮으로 표기되어
　　있기도 하다.

476 《宣祖實錄》 1593년 7월 29일 8번째 기사임.

477 朴寒(박한): 甘朴寒의 오기.

478 李鎰(이일, 1538~1601): 본관은 龍仁, 자는 重卿. 1558년 무과에 급제하여, 전라
　　도 수군절도사로 있다가, 1583년 尼湯介가 慶源과 鐘城에 침입하자 慶源府使가
　　되어 이를 격퇴하였다. 임진왜란 때 巡邊使로 尙州에서 왜군과 싸우다가 크게
　　패배하고 충주로 후퇴하였다. 충주에서 도순변사 申砬의 진영에 들어가 재차
　　왜적과 싸웠으나 패하고 황해로 도망하였다. 그 후 임진강·평양 등을 방어하고
　　東邊防禦使가 되었다. 이듬해 평안도병마절도사 때 명나라 원병과 평양을 수복
　　하였다. 서울 탈환 후 訓鍊都監이 설치되자 左知事로 군대를 훈련했고, 후에

之中, 而今承上教, 果爲允當. 勿爲無妨." 答曰: "知道. 以爲非常, 巨酋之意, 爲辭."

八月初一日, 沈領府事<sup>479</sup>, 啓<sup>480</sup>曰: "臣告老<sup>481</sup>請歸, 未承允諭<sup>482</sup>, 悶默留滯, 月已易矣. 近患痢病, 彌留<sup>483</sup>半月, 幾危僅甦. 八十老人之死亡, 未卜於朝夕, 而自上將進京城, 臣勢不能跨馬隨駕, 此亦可悶. 臣之請退, 情勢多端, 未敢盡達, 而日候向寒, 旅況<sup>484</sup>尤難. 今雖退去, 若得不死, 則【缺<sup>485</sup>】, 伏願特除<sup>486</sup>給由<sup>487</sup>之例, 姑許退去." 答曰: "此時大臣, 豈可退去, 何必一時隨駕?" 玆未允從.

---

함북순변사와 충청도·전라도·경상도 등 3도 순변사를 거쳐 武勇大將을 지냈다. 1600년 함경남도병마절도사가 되었다가 병으로 사직하고, 1601년 부하를 죽였다는 살인죄의 혐의를 받고 붙잡혀 호송되다가 定平에서 병사했다.

479 沈領府事(심영부사): 沈守慶(1516~1599)을 가리킴. 본관은 豊山, 자는 希顔, 호는 聽天堂. 1546년 식년문과에 장원으로 급제, 賜暇讀書하였다. 1552년 檢詳을 거쳐 직제학을 지냈다. 1562년 靖陵(中宗陵)을 이장할 때, 경기도 관찰사로 大輿가 한강을 건너는 船艙 설치를 하지 않은 죄로 파직되었다. 뒤에 대사헌과 8도 관찰사를 역임하였으며, 청백리에 녹선되었다. 1590년 우의정에 오르고 기로소에 들어갔다. 1592년 임진왜란이 일어나자 삼도 체찰사가 되어 의병을 모집하였으며, 이듬해 영중추부사가 되었다가 1598년 벼슬길에서 물러났다.

480 《宣祖實錄》 1593년 8월 1일 3번째 기사임.

481 告老(고로): 벼슬하던 사람이 늙어서 벼슬을 그만두기를 청함.

482 允諭(윤유): 兪允. 승낙함. 허락함.

483 彌留(미류): 병이 오래 낫지 않음.

484 旅況(여황): 객지에서 지내는 형편.

485 《宣祖實錄》에 의하면, '秋冬間, 亦可更詣闕下'가 있음.

486 除(제): 依의 오기인 듯.

487 給由(급유): 관리에게 휴가를 주는 것.

# 〈북관일기〉서
# 北關日記 序


윤재오


　오호라! 이는 우리 헌민공(憲敏公) 선조가 임진왜란 때 북번(北藩: 함경도)에서 손수 쓰신 일기이다. 지금부터 임진년까지는 이미 수백 년이 지났지만, 손때의 윤기는 아직도 새롭다. 다만 한스러운 것은 중간에 흩어져 없어진 것이 많아서 앞뒤의 사실을 자세히 꿰뚫지 못하는 것이다. 고금의 시대에 따라 글자체가 같지 않은데다 더러 난해한 곳이 있었으므로 한 벌을 베껴 써서 그 시말(始末)을 간략히 서술한다.

　임진왜란 초기에 공(公)이 동원(東園) 상공(相公) 김귀영(金貴榮)과 함께 왕자를 모시고 북쪽으로 가라는 명을 받들었다. 행차가 북청(北靑)에 도착하였을 때 왜적이 이미 가득 차 있는 데다 백성들도 또 난리를 선동하고 있어서, 왕이 특별히 공(公)을 검찰사(檢察使)로 제수하여 백성들을 위로하고 타이르며 안정시키도록 하였다. 왕자의 행차는 김 동원(金東園: 김귀영)과 황 지천(黃芝川: 황정욱)이 모시고 가고, 공(公)은 뒤에 떨어져서 여러 고을을 순행하도록 한 것이다.

　북도(北道: 함경도)의 삼수(三水)·갑산(甲山)과 서로(西路: 평안도)

의 강계(江界)에 속한 세 고을의 경계에 설한령(薛罕嶺: 雪寒嶺)이 있는데 서로(西路)로 통하는 요충지이었고, 별해보(別害堡)는 그 목구멍과 같은 관문이었다. 서로(西路)와 북로(北路)의 왜놈들이 이 길을 통해 서로 통하였으니, 청정(淸正: 加藤淸正)이 평양(平壤)의 적장인 행장(行長: 小西行長)과 함께 장차 서로 합세해 서쪽으로 돌격하려고 하여 각각 함경도(咸鏡道)와 평안도(平安道) 두 길을 맡아서 승승장구 중국까지 쳐들어갈 계획이었다. 공(公)이 이러한 낌새를 알고서 먼저 별해보를 차지하고 그 요로를 차단하였다.

조금 있다가 또 본도(本道: 함경도) 관찰사에 특별히 제수되자, 장계(狀啓)를 올려 청하기를, 과거를 베풀어 의사(義士)를 모집하고 진(陣)을 쳐서 군사로 써야 한다고 하였다. 지도를 펼쳐 놓고 지휘하며 건초·군량과 병기(兵器)를 위해 좌우에서 호응하여 매우 적절하게 도왔는데, 왜놈의 비밀문서를 파악하고 왜놈의 통지문을 빼앗아 능히 서로 통할 수 없게 하였으니, 적의 식량 보급로 차단하고 적이 쌓아둔 곡식더미를 불태워서 식량을 계속 공급되지 못하도록 하였다. 그래서 김천세(金千世)가 답한 바에 이르기를, "무릇 온갖 책응(策應)이 상황에 잘 들어맞았다."라고 하였고, 한경기(韓景琦)가 전한 바에 이르기를, "상황에 적절하게 충분히 호응하니 왜적들이 스스로 구하는 데 지쳐서 가장 먼저 도망갔다."라고 하였으며, 장응시(張應時)의 상소(上疏)에 이르기를, "병사들이 칼날에 피를 묻히지 않고서도 (왜적들이 물러나) 풍패(豐沛: 함경도)의 고을이 깨끗해졌다."라고 하였다. 임금이 관서(關西)로 피난한 후, 여러 곳의 번곤(藩閫: 관찰사·兵使·水使의 통칭)들이 도로가 막혀서 문안을 드리는 예를 차리지 못하였으나, 공(公)은 관서로 통하는 요로(要路)를 지키면서 공물(貢物)의 헌납(獻納)과 임금께 올리는 보고가 폐하지 않도록 하여 끊임없이 조정의 명령이 이어졌으니 함관(咸關: 함경도)에만 막히지 않았기 때문이다.

맏아들 충장공(忠莊公: 尹慶元)이 용만(龍灣)에까지 호종(扈從)하여 경기도(京畿道) 관찰사 심대(沈岱)의 종사관(從事官)이 되어 경기도로 싸우러 나가자, 공(公)이 편지를 보내어 훈계하기를, "나라의 적을 아직 토벌하지 못하여 나라의 수치를 아직 씻지 못하였는데도, 변경에 하란(賀蘭: 하남절도사 賀蘭進明)과 같은 시기하는 장수는 많으나 막하에 제갈량(諸葛亮) 같은 지략이 뛰어난 장수는 없구나. 대대로 받은 나라의 은혜를 무엇으로 보답할 수 있을까만, 오직 한번 죽음이 있을 뿐이니 구차히 살지 않으리라 맹세한다. 외로운 성을 홀로 지킨 지 어언 40일이 되었는데, 일월성신이 내려다보고 귀신이 곁에서 질정(質正)하는구나. 인(仁)을 이루고 의(義)를 취함은 공자(孔子)의 가르침이요 맹자(孟子)의 가르침이니, 나의 옷에 찬(贊)이 있어 너의 등은 검은 물이 들리로다."라고 하였으니, 사람들이 오히려 감격하여 눈물을 흘리도록 하였다. 충장공이 이에 그 뜻을 받들어 항상 정강이를 자줏빛 사슴의 가죽으로 감아서 미리 시신을 구별할 수 있도록 표시하였는데, 임진년(1592) 10월 18일 삭녕(朔寧)에서 순절하였다. 이듬해 정월에 공(公)이 비로소 들어서 알고는 말하기를, "자식에게 나라를 위해 죽으라고 가르쳤지만, 내가 어찌 차마 혼자만 살아서 이러한 차마 들을 수 없는 말을 듣는단 말인가?"라고 하였다. 그리고 군무(軍務: 군사에 관한 일)에 피로가 쌓인

데다 자식을 잃어 애통해하다가 병이 되었으니, 끝내 갑오년(1594)
에 임지에서 운명하였다. 둘째 아들 검열공(檢閱公: 尹喜元) 또한 몹
시 애통해하다가 몸을 상하여 이어서 죽었다. 3번의 초상이 천 리나
떨어진 외지에서 거듭되었으나 이를 맡아서 치를 사람이 없었으며,
난리 후에 유적은 완전히 남김없이 사라져 버렸다. 이 기록은 비록
소략하고 중간에 끊어진 것도 있지만 지금까지 전해져 내려오니 또
한 기이하다고 하겠다.

　오호라! 이때 3도(道)가 무너져 온 나라가 와해할 지경에 이르자,
열사(烈士)와 충신(忠臣)들이 왕의 적개심을 갖고 나랏일을 위해 죽
은 자가 많지 않은 것은 아니었다. 만약 죽음으로 강토를 지켜서
요사스러운 기운을 깨끗이 쓸어버린 곳을 찾는다면, 오직 이 북관
(北關) 일대일 뿐이다. 소자(邵子: 邵康節)가 말하기를, "천하의 일을
위하여 죽기는 쉽지만, 천하의 일을 이루기는 어렵다."라고 하였는
데, 요부(堯夫: 소강절의 字)가 어찌 살신성인을 가볍게 평한 것이겠
는가, 대개 그 일을 이루기가 어렵다는 것을 말한 것이다. 공(公)은
위급할 때 왕명을 받고 하늘을 찌를 적의 형세를 혼자서 막아내기가
어려웠는데도 마음속으로 맹세하며 적개심을 품고는 사람을 능력
에 맞도록 맡기고 기묘한 계책을 세우고 비밀스러운 꾀를 써서 마침
내 왕조가 일어났던 옛 강토가 좌임(左袵)하는 오랑캐의 신세가 되
는 것을 면하도록 하였지만, 싸움에서 이기고 미처 돌아오기도 전
에 몸이 먼저 객관(客館)에서 죽었다. 지금 비록 천하의 일을 위하여
죽은 것과 천하의 일을 이루는 것이 모두 한 몸에 모였다고 할지라
도 안 될 것이 없다.

그러나 이 기록이 집에 보관되어 있어서 세상에 전해지지 않은 데다, 임진왜란 후에 자손들이 그만 영락하고 한미해지고 말았다. 그리하여 세상에서 공(公)의 공훈과 충성을 알지 못하고 도리어 택당(澤堂) 이식(李植)과 여양 부원군(驪陽府院君) 민유중(閔維重)의 그릇된 모욕만 있으니, 그 통탄함을 이루 다 말할 수 있겠는가? 다만 공(公)이 손수 기록한 것이 절로 돈사(惇史: 덕행이 있는 사람의 언행 기록)가 되었다. 오음(梧陰) 윤두수(尹斗壽)와의 문답·함경도 유생들의 상소(上疏)가 대개 공(公)이 북관(北關)에서 세운 탁월한 공적이니, 이에 나아가 상세히 살펴보면 아득한 백세 뒤에라도 공의(公議)를 바랄 수 있을 것이다.

8세손 전 현감 윤재오(尹載五)가 절하고 삼가 쓰다.

嗚呼! 此我憲敏公[1]先祖, 壬辰亂時, 北藩手書日記也。今距壬

---

1  憲敏公(헌민공): 尹卓然(1538~1594)의 시호. 본관은 漆原, 자는 尙中, 호는 重湖. 1558년 생원시에 합격하고 1565년 알성 문과에 급제, 승문원에 보임되었다. 승정원주서를 거쳐 1568년 전적·사간원정언을 역임하고 千秋使 서장관이 되어 명나라에 다녀왔다. 1574년에도 奏請使의 서장관으로 명나라에 다녀와 사헌부 지평·장령·교리·검상·사인 등을 역임하고, 이듬해 외직으로 동래부사·상주목사를 지냈다. 1580년 좌승지·도승지·예조참판을 지내고, 1582년 영남지방에 큰 흉년이 들자 왕이 윤탁연의 재능을 믿고 경상도관찰사로 특채하였다. 1585년 경기도관찰사에 오른 뒤 한성부판윤에 승진하고 세 차례의 형조판서와 호조판서를 지냈다. 1591년 宗系辨誣의 공으로 漆溪君에 봉해졌으며, 특히 備邊司有司 堂上을 역임하였다. 1592년 임진왜란이 일어나자 왕을 모시고 북으로 가던 도중 檢察使에 임명되었다. 그때 함경도 지방에는 이미 적이 육박했으며, 함경도에 피난한 왕자 臨海君과 順和君이 회령에서 北邊叛民과 적에게 아부한 무리에 의해 적의 포로가 되자, 조정은 勤王兵을 모아 적을 격퇴시킬 계획을 세웠다. 윤탁연은 왕의 특명으로 함경도도순찰사가 되어 의병을 모집하고, 왜군에 대한

辰, 已過數百歲, 而手澤[2]尙新。但恨間多散逸, 前後事實, 不能
該貫。且古今字體不同, 或有難解處, 故謄出一本, 而畧叙其始
末。盖變初, 公偕東園相金公貴榮, 承陪王子, 往北之命。行到北
靑[3], 倭已充斥[4], 民又煽亂, 自上特除公檢察使, 使之慰諭安集。
王子之行, 金東園·黃芝川[5]陪去, 公則落後, 而巡行列邑。北道
之三甲[6], 西路之江界[7]三邑之境, 有薛罕嶺[8], 通西要阨, 而別害

---

방어계획 등 시국 타개에 노력하다가 그곳에서 객사하였다.

2  手澤(수택): 물건에 남아 있는 옛사람의 흔적.

3  北靑(북청): 함경남도 중동부에 있는 고을. 동쪽은 이원군·단천군, 서쪽은 신흥
   군·홍원군, 남쪽은 동해, 북쪽은 풍산군과 접한다.

4  充斥(충척): 그득한 것이 퍼져서 넓음.

5  芝川(지천): 黃廷彧(1532~1607)의 호. 본관은 長水, 자는 景文. 1592년 임진왜
   란이 일어나자 號召使가 되어 왕자 順和君을 陪從, 강원도에서 의병을 모으는
   격문을 8도에 돌렸고, 왜군의 진격으로 會寧에 들어갔다가 모반자 鞠景仁에 의
   해 임해군·순화군 두 왕자와 함께 安邊 토굴에 감금되었다. 이때 왜장 加藤淸正
   으로부터 선조에게 항복 권유의 상소문을 쓰라고 강요받고 이를 거부하였으나,
   왕자를 죽인다는 위협에 아들 赫이 대필하였다. 이에 그는 항복을 권유하는 내용
   이 거짓임을 밝히는 또 한 장의 글을 썼으나, 體察使의 농간으로 아들의 글만이
   보내져 뜻을 이루지 못하고 이듬해 부산에서 풀려나온 뒤 앞서의 항복 권유문
   때문에 東人들의 탄핵을 받고 吉州에 유배되고, 1597년 석방되었으나 復官되지
   못한 채 죽었다.

6  三甲(삼갑): 三水와 甲山을 통틀어 일컫는 말. 三水는 함경남도 북서단에 있는
   고을. 세종 연간에 설치된 四郡이 폐지된 이후, 여진족과 경계를 하는 지역으로
   서쪽으로는 강계와 동쪽으로는 함흥과 각각 4백여 리의 거리를 두고 있었다.

7  江界(강계): 평안북도 북동부에 있는 고을. 동쪽은 낭림산맥을 경계로 함경남도
   의 장진군, 서쪽은 위원군과 초산군, 남쪽은 희천군, 북쪽은 자성군과 후창군,
   그리고 압록강을 사이에 두고 중국의 만주 지방과 접한다.

8  薛罕嶺(설한령): 雪寒嶺. 평안북도 江界郡 용림면의 동북단과 함경남도 長津郡

堡<sup>9</sup>, 爲其咽喉. 西北倭奴, 從此路相通, 淸正與平壤之賊將行長,
將欲合勢西突, 各主咸平兩路, 以爲長驅射天計. 公知此機, 先
據別害, 以截其要路. 俄又特拜本道觀察使, 狀請設科, 得義士,
設陣用兵, 展地圖持揮, 葯粮·軍械, 左右策應, 捉倭之秘書, 奪
倭之通文, 使不能相通, 截賊之粮道, 燒賊之積穀, 使不得繼食.
是以, 金千世所答曰: "凡千策應, 動中機宜."云, 韓景琦所傳曰:
"十分策應, 賊疲於自救, 而最先遁去."云, 張應時<sup>10</sup>上疏曰: "兵不
血刃, 豐沛肅淸<sup>11</sup>."云. 西巡<sup>12</sup>之後, 諸處藩閫<sup>13</sup>, 道路梗塞, 無以
修起居之禮, 而公則坐於通西要路, 不廢貢獻登聞<sup>14</sup>, 絡續朝家命
令, 獨不阻於咸關. 長子忠莊公, 扈從於龍灣, 爲畿伯沈公岱<sup>15</sup>從

---

서한면의 경계에 있는 고개.

9 別害堡(별해보): 조선 시대 함경남도 삼수군에 속한 僉節制使의 鎭堡. 현재는
   함경남도 장진군에 해당하며 풍산군, 삼수군, 함주군, 영원군, 후창군, 강계군
   등과 접한다.

10 張應時(장응시, 1553~?): 본관은 蔚珍, 자는 公望. 거주지는 定平. 1605년 증
   광시에 급제하였다.

11 肅淸(숙청): 반대파나 政敵을 모두 제거함. 여기서는 없애어 맑게한다는 뜻으로
   깨끗해졌다는 의미이다.

12 西巡(서순): 국왕의 서북 지방 巡行을 가리킴. 특히, 조선 宣祖가 1592년 임진
   왜란이 일어났을 때 평양으로 피난하고, 다시 의주로 피신했을 때와 같은 경우를
   가리켰다.

13 藩閫(번곤): 觀察使·兵使·水使를 통틀어 가리키는 말.

14 登聞(등문): 임금에게 중요한 사실이나 사건을 알림.

15 沈公岱(심공대): 沈岱(1546~1592). 본관은 靑松, 자는 公望, 호는 西墩. 1572
   년 춘당대 문과에 급제, 홍문관에 들어가 正字·박사·修撰을 지내고, 1584년
   持平에 이르렀다. 이때 동서의 붕당이 생기려 하자, 언관으로서 붕당의 폐단을

事, 出戰於畿甸, 公寄書誡之, 曰: "國賊未討, 國恥未雪, 藩多賀
蘭[16], 幕無諸葛[17]。世受國恩, 報以何物? 只有一死, 矢不苟活。
獨守孤城, 今四十日, 日星下臨, 鬼神傍質。成仁取義, 孔曰孟
曰[18], 吾衣有贊, 汝背當涅。" 尚令人感涕自零。忠莊公, 乃承其
志, 常以紫色鹿皮纏股, 預爲卜屍之表, 壬辰十月十八日, 殉節于
朔寧[19]。而翌年正月, 公始聞知, 曰: "敎子以死國, 吾何忍獨生,

---

논하였으며, 이어서 舍人·사간을 역임하였다. 1592년 임진왜란이 일어나자 輔
德으로서 근왕병 모집에 힘썼다. 그 공로로 왕의 신임을 받아 우부승지·좌부승
지를 지내며 승정원에서 왕을 가까이에서 호종하였다. 왜군의 기세가 심해지면
서 宣祖를 호종하여, 평양에서 다시 의주로 수행하였다. 같은 해 9월 權徵의
후임으로 경기도 관찰사가 되어 서울 수복 작전을 계획하였다. 도성과 내응하며
朔寧에서 때를 기다리던 중, 왜군의 야습을 받아 전사하였다.

16 賀蘭(하란): 河南節度使 賀蘭進明. 安祿山의 난 때 張巡이 許遠과 함께 睢陽城
  을 지키며 적장 尹子琦와 싸워 몇 번이나 물리쳤으나, 몇 달이나 고수하다가
  중과부적에 식량마저 떨어진 상태에서, 그의 부하 장수 남제운이 군사를 빌려달라
  고 청하였지만 장순의 명성을 시기하여 고의로 구원병을 보내지 않은 인물이다.

17 諸葛(제갈): 蜀漢의 宰相 諸葛亮. 隆中에 은거하고 있을 때 劉備의 三顧草廬에
  못 이겨 出仕한 후 劉備를 보좌하여 천하 三分之計를 제시했고, 荊州와 益州를
  취하고 蜀漢을 세우는 데 큰 공헌을 했다. 또 南蠻을 평정하고 北伐을 주도했다.
  유비가 죽은 뒤, 遺詔를 받들어 後主인 劉禪을 보필하다가 魏나라의 司馬懿와
  五丈原에서 대전중 陳中에서 죽었다. 그가 지은 〈出師表〉는 名文으로 유명하다.

18 孔曰孟曰(공왈맹왈):《論語》〈衛靈公〉에 "志士와 仁人은 삶을 구하여 인을 해
  치는 일은 없고, 목숨을 바쳐 인을 이루는 일은 있다.(志士仁人, 無求生以害仁,
  有殺身以成仁.)"라고 하였고,《孟子》〈告子上〉에 "삶도 내가 하고자 하고 의도
  내가 하고자 하는데, 두 가지를 겸할 수 없으면, 삶을 버리고 의를 취할 것이다.
  (生亦我所欲也, 義亦我所欲也, 二者不可得兼, 舍生而取義者也.)"라고 한 것
  을 일컬음.

19 朔寧(삭녕): 경기도 연천과 강원도 철원 지역의 옛 지명.

聞此不忍聞之言." 積勞於戎務, 哀疚成疾, 竟於甲午, 告終於任
所. 而次子檢閱公[20], 亦哀毀繼卒. 三喪荐仍於千里之外, 而幹
蠱[21]無人, 亂後遺蹟, 蕩然無餘. 是錄, 雖或疎畧而間斷, 至今傳
來, 亦云奇哉! 嗚呼! 于時, 三道失險, 擧國瓦解, 烈士·忠臣, 敵
王愾死國事者, 不爲不多. 若求其死守封疆, 掃淸妖氛者, 惟是
北關一路. 邵子曰: "死天下事易, 成天下事難." 堯夫, 豈以殺身
成仁少之哉? 蓋就其成事之難而言之也. 公受命於危難之際, 隻
手[22]難遏滔天之勢, 而矢心敵愾, 得人任能, 設奇計, 行秘謀, 卒
使邠歧[23]舊壤, 免淪於左袵[24], 未凱還而身先死於客館. 今雖曰死
事與成事, 並萃於一身, 未爲不可. 然而, 是錄藏于家而不傳於
世, 亂後子孫, 遂以淪微. 世無知公之勳忠, 而反有李澤堂[25]·閔

---

20 檢閱公(검열공): 尹喜元(1576~1619)을 가리킴. 본관은 漆原, 자는 公度. 尹卓
然의 둘째부인 全義李氏 소생이다. 海洲鄭氏 海城君 鄭欽의 딸과 결혼하였으
나, 후사를 얻지 못하여 종제 尹復元의 둘째 아들 尹安基를 양자로 맞아들였다.

21 幹蠱(간고): 어떤 일을 맡아 잘 처리한다는 말.

22 隻手(척수): 몹시 외로움을 이르는 말.

23 邠歧(빈기): 邠 땅과 岐山을 일컬음. 周나라 文王의 조부인 古公亶父가 처음에
는 빈에 살다가 狄人이 침략하자, 기산 아래로 옮겨 와서 거주하였는데 주나라
는 이때부터 이곳을 거점으로 하여 王業을 성취하였다. 漢나라의 豐沛, 唐나라
의 太原과 같다.

24 左袵(좌임): 오른쪽 옷섶을 왼쪽 옷섶 위로 여미는 오랑캐의 의복 제도를 말함.

25 澤堂(택당): 李植(1584~1647)의 호. 본관은 德水, 자는 汝固, 호는 南宮外史·
澤癯居士. 仁祖 때의 문신이다. 대제학·예조판서 등을 역임하였다. 張維와 더불
어 당대의 이름난 학자로서 한문 4대가의 한 사람으로 꼽힌다.《宣祖實錄》의
수정을 맡았다.

驪陽[26]之謬辱, 其爲痛歎, 可勝言哉? 第公之手錄, 自爲惇史[27]。
尹梧陰[28]問答‧道儒生上疏, 槩公北關殊績, 卽此而詳覽, 則百世
下, 庶可有公議矣。

八世孫 前縣監 載五[29]拜手謹書

---

26 驪陽(여양): 驪陽府院君 閔維重(1630~1687)을 가리킴. 본관은 驪興, 자는 持叔, 호는 屯村. 숙종 때의 문신이다. 仁顯王后의 아버지이다. 조 대비의 服喪 문제가 일어나자 大功說을 지지하였으며, 경서에 밝아 유림 사이에 명망이 높았다.

27 惇史(돈사): 덕행이 있는 사람의 언행을 기록한 것.

28 梧陰(오음): 尹斗壽(1533~1601)의 호. 본관은 海平, 자는 子仰. 1592년 임진왜란이 일어나자 기용되어 선조를 호종, 어영대장이 되고 우의정‧좌의정에 올랐다. 1594년 三道體察使로 세자를 시종 남하하였다. 1595년 중추부판사로 왕비를 海州에 시종하였다. 1598년 다시 좌의정이 되고, 1599년 영의정에 올랐으나 곧 사직하였다.

29 載五(재오): 尹載五(생몰년 미상). 본관은 漆原, 자는 剛中. 아버지는 尹衡國이며, 尹履誼를 양자로 맞아들였다. 예빈시 참봉, 하양 현감을 지냈다.

# 〈북관일기〉발
# 北關日記 跋

서수중

    옛날 왕백안(王伯安: 왕양명)이 〈음소집(吟嘯集)〉의 서문(序文)에서 문천상(文天祥)의 충성에 탄복하였고 또 사람들이 충성하도록 하였다. 소수중(蘇洙中)이 중호(重湖) 윤헌민공(尹憲敏公: 윤탁연)의 〈북관일기(北關日記)〉를 읽고 그 말을 아침저녁으로 살피면서 한숨을 쉬며 서글프게 탄식하였다. 용사(龍蛇)의 변란[임진왜란]을 만나 왜적 기세의 세차기가 바람을 탄 불길 같아서 지혜로운 자도 미처 도모하지 못하였으나, 공(公)은 노저(鷺渚) 상공(相公, 협주: 李陽元)과 함께 맨 먼저 도성을 지키라는 임무를 받았으며, 얼마 뒤에 또 동원(東園) 상공(相公, 협주: 金貴榮)과 함께 왕자를 모시고 북쪽으로 갔으며, 함경도에 있을 때 험준한 요충지를 돌아다니며 살피라는 명을 받들어서 길을 나누어 서쪽으로 갔다. 그 주어진 임무는 모두 위태롭고 어려운 때인데다 위급한 지역이었지만 임금이 조정에서의 추천자 중에 간택하여 모두 보태어 맡긴 것인데, 훌륭한 명망으로 진정시켜 무슨 일이든지 해볼 수 있을 것 같았지만 갑자기 도성을 떠나서 경성(京城)이 무너진 데다 서북으로 갈라져서 왕자가 사로잡히고 말앉으니, 원대한 계획을 제대로 조치해 시행할 수 없게 되었다.

공(公)이 그 시운(時運)에 무엇을 하겠는가? 그렇지만 가장 북쪽의 절사(節使: 함경도 관찰사)로서 또 별별 재앙의 고생을 겪었었는데, 왜적이 이미 사방에 가득 차 있는 데다 백성들도 또 난리를 선동하여서 무소 같은 흉한 무리를 때려잡고 독사 같은 왜적을 베려 해도 맨손에 화살조차 없었으나 별해보(別害堡)의 사수촌(沙水村)에서 가시덤불을 헤치며 창으로 무찔렀다. 방악(方岳: 監司)으로서 겨우 남은 외로운 변방뿐만이 아니어서 도리어 마음속으로 맹세하며 적개심을 품고는 잦아드는 불씨를 살살 되살리듯이 하였다. 깊은 산의 겹겹 봉우리 속에서 임금의 신령함에 의지하여 서쪽으로는 행조(行朝: 행재소)에 이바지하고 남쪽으로는 미친 듯이 날뛰는 왜적을 막으며 북쪽으로는 난민(亂民: 질서를 어지럽히는 백성)과 반호(叛胡: 반역을 꾀한 오랑캐)를 떨게 하였는데, 청정(淸正: 가등청정) 같은 흉적은 섬으로 도망쳤고, 국경인(鞠景仁) 같은 완악한 자들은 목을 내어놓아야 했으며, 번호(藩胡: 북쪽 변경의 오랑캐) 같은 반복무상(反覆無常)한 자들은 마음을 돌리게 하여 복종하도록 했으니, 함경도 일대가 가장 먼저 평온하게 되도록 하였다. 왜적을 정벌하여 변경을 지키도록 호소하는 그 어려움은 저 송나라 때 오파령(五坡嶺)과 진강(鎭江)에서 겪은 문천상의 일보다 더 심함이 자못 있었고, 능히 거둔 그 공적은 또 신국(信國: 문천상의 봉호)이 그 당시에 얻지 못한 것이다. 바야흐로 병마(兵馬)를 타고 내달리며 급히 전하는 격문(檄文)이 빗발치듯 하여 먹고 잘 겨를이 없었으며, 그 방어 계책을 세움에 날마다 여유가 있고 서두르지 않았다.

내가 해야 할 일로 저 사람의 마음을 불러들여 보면, 실로 집두(集杜: 杜詩에서의 集句)와 지남록(指南錄)을 엮은 것과 같은 판(板)에서 찍어 낸 듯이 서로 조금도 다름이 없을 것이다. 임금에게 충성하는 정성은 이미 자기에게 있는 것을 힘쓰고, 또 남에게 충성하도록 권하는 뜻은 진실로 사실을 기록한 것에 달려있어 남에게 하도록 하는 것이다. 이는 공(公)과 신국(信國: 문천상)의 똑같은 붉은 충정이고 왕백안(王伯安: 왕양명)의 남과 다른 특별한 식견이다.

공(公)이 군사를 출동시켜 이미 승리하니 조정은 북문쇄약(北門鎖鑰)으로 의지하였고 북쪽 변방의 백성은 부모로 대해주었는데, 3년 동안 위무하고 편안케 하다가 끝내 북관에서 죽었다. 장남 칠평군(漆坪君: 윤경원)이 이전에 이미 순절하였고, 둘째 아들 검열공(檢閱公: 윤희원)이 이어서 또 사효(死孝)한 데다, 이 일록(日錄)이 집에 보관되어 세상에 전해지지 못하였으니, 몇몇 중흥의 공훈이 있는 자를 열거하는 데서 공(公)에게는 미치지 않았다. 그러나 패설(稗說)과 야승(野乘)이 뒤섞여 북쪽에서 나온 것은 공훈을 세운 자에게 상을 준다고 원망하는 것이 정밀하거나 요행으로 그 자리에 앉았다고 혐오하는 것이 제한하여 금지되었는데, 거짓말을 보태어서 죄에 빠뜨려 지금까지 갑을(甲乙) 평이 있다. 택당(澤堂) 이식(李植) 등 제공(諸公)이 이 일록(日錄)을 볼 수 없다는 것이 한스러우나 알맞게 헤아려야 할 것이다. 그러나 공(公)이 손수 기록한 것이 절로 돈사(惇史: 덕행이 있는 사람의 언행 기록)가 되었으니, 무엇이 해롭겠는가? 믿을 수 없는 황당한 말로 매우 기이한 일이다.

공(公)은 일찍이 이아계(李鵝溪: 李山海)·최간이(崔簡易: 崔岦)와

나란히 문원(文苑)으로 일컬어졌지만, 그의 저술(著述)이 많이 일실(逸失)되어 전해지지 않는다. 이 일록(日錄)을 보아도 그 일부분을 볼 뿐이고, 좀먹은 중간에는 많이 떨어져 나가서 애석할 따름이다. 후손 윤재오(尹載五)가 오래되면 될수록 더욱 잃게 될까 두려워하여 한 권으로 꾸며 보관하고 1본을 등서(謄書)하였다. 소수중(蘇洙中) 또한 욕되게도 외손으로서 손을 씻고 난 뒤에 당시 손수 쓰신 뜻을 우러러 알고 삼가 〈음소집(吟嘯集)〉으로서 제목 아래에 차례로 말하였다.

외손 진주 소수중은 삼가 기록하다.

昔王伯安¹序文, 出吟嘯集², 歎其忠, 而又與人爲忠。洙中讀重湖尹憲敏公北關日記, 喟然³省其言之爲朝暮。遇也龍蛇之變, 烈若風火, 智不及謀, 而公與鷺渚相【李陽元⁴】, 首膺守都之任, 俄又

---

1 伯安(백안): 王守仁(1472~1528)의 字. 호는 陽明. 명나라 중기의 학자로서 陽明學의 시조이다. 그의 사상은 '知行合一', '靜座法', '致良知' 등을 원리로 하였다. 특히, 맹자 혹은 주희에게 부차적 감정에 불과했던 군주에 대한 충성심이 인의예지와 거의 유사한 위상으로까지 격상되었다.

2 吟嘯集(음소집): 송나라의 충신 文天祥(1236~1283)의 문집《文山集》안에 있는 시 모음집. 문천상의 자는 宋瑞·履善, 호는 文山.

3 喟然(위연): 한숨을 쉬며 서글프게 탄식하는 모양.

4 李陽元(이양원, 1526~1592): 본관은 全州, 자는 伯春, 호는 鷺渚. 1555년 알성문과에 급제, 檢閱·著作을 거쳐 1563년 호조참의가 되었다. 그해에 宗系辨誣使의 서장관으로 명나라에 들어가 객사한 正使 金澍를 대신해, 명나라의《太祖實錄》과《大明會典》에 태조 李成桂의 아버지가 고려의 李仁任으로 잘못 기재된 것을 李子春으로 바로잡고 돌아와 그 공으로 加資되었다. 그 뒤 평안도·충청도·경기도의 관찰사, 형조판서·대제학·대사헌 등을 역임하고, 1590년 종계변무의 공으로 光國功臣 3등에 책록되고 漢山府院君에 봉해졌으며, 이듬해 우의

偕東園相【金貴榮】, 奉王子而北, 在道承巡按控阨之命, 分路而
西。其所授任, 皆危難之日, 緩急之地, 而睿簡⁵廷推⁶, 一埤是委,
則雅望攸鎭, 若可有爲, 而去邧遽⁷, 而京城潰, 西北歧, 而王子
虜, 使謨猷⁸無所施措。公其時運何哉? 最北節, 又百罹之艱, 倭
已充斥, 民又煽亂, 博兕剸虺⁹, 徒手空拳, 而別害沙水之上, 披榛
筍檗。方岳¹⁰祗殘, 不翅孤戍, 而乃能矢心敵愾, 噓燼吹殘。仗王
靈于深山複嶺之中, 西供行朝, 南捍狂猘, 北讐亂民¹¹叛胡, 匈如
淸正而鳥竄, 頑如景仁而授馘¹², 反復¹³如藩胡而歸心嚮服, 使一
路取先底平¹⁴。其號召征戍之難, 殊有甚於坡嶺鎭江¹⁵之擧, 而能

---

정에 승진하였다. 1592년 임진왜란이 일어나자 留都大將으로 수도의 수비를 맡
았으나 한강 방어의 실패로 楊州로 철수, 分軍의 부원수 申恪과 함경도병마절
도사 李渾의 군사와 합세해 蟹踰嶺에 주둔, 일본군과 싸워 승리한 뒤 영의정에
올랐다. 이때 의주에 피난해 있던 선조가 遼東으로 건너가 內附(딴 나라에 들어
가 붙음)한다는 소식을 전해 듣고, 탄식하며 8일간 단식하다가 피를 토하고 죽었
다 한다.

5  睿簡(예간): 임금의 깊고도 밝은 선택에 대한 높임말.

6  廷推(정추): 조정에서 후보자를 둘 내지 셋을 미리 上奏하여 君主의 決裁에 의
해서 그 임용 여부를 정하는 것을 말함.

7  去邧遽(거빈거): 遽去邧의 오기.

8  謨猷(모유): 어떠한 일을 이루기 위해 세우는 원대하고 담대한 꾀.

9  博兕剸虺(박시단훼): 搏兕剸虺의 오기. 코뿔소 같은 흉한 무리를 때려잡고 독
사 같은 왜적을 벰.

10  方岳(방악): 方伯. 감사를 가리키는 말.

11  亂民(난민): 무리를 지어 다니며 법과 질서를 어지럽히는 백성.

12  授馘(수괵): 죽은 적군의 귀를 벤 것을 馘이라 하고, 授는 告의 뜻임.

13  反復(반복): 反覆. 언행이나 일 따위를 이랬다저랬다 하여 자꾸 고침.

收其緒[16], 則又信國[17]之不得於當日者也。方其戎馬交馳, 羽檄方午[18], 不遑寢噉, 而紆其籌策, 逐日整暇[19]。以我所事, 喚他人心, 則實與集杜指南[20]之編, 同印一板。忠君之忱, 旣勔其在己者, 而又勸人爲忠之意, 則亶在於紀實, 而與人也。此公與信國, 同一衷赤, 而伯安爲隻眼[21]也。公出師已捷, 而朝廷倚以鎖鑰[22], 北民借以父母, 三載撫綏, 竟告終[23]于北。長子漆坪君, 前已殉節, 仲子檢閱公, 繼又死孝[24], 又此日錄, 藏于家而不行于世, 列數中興之勳者, 不及於公。而裨說[25]野乘之襍出于北者, 或怨報功之精實, 或嫌僥冒之裁抑[26], 加之以讆言[27]而媒孽之, 至今有甲乙之

---

14　底平(저평): 안정시킴. 평온하게 함.

15　坡嶺鎭江(파령진강): 宋나라 文天祥이 張世傑 등과 元나라의 군대에 결사 항전하였으나 1278년 五坡嶺에서 포로가 되어 끌려가는 도중에 鎭江에서 탈주하여 저항을 계속하려 하였으나 뜻을 이루지 못함.

16　緒(천): 績의 오기.

17　信國(신국): 宋나라 충신 文天祥의 封號.

18　方午(방오): 旁午의 오기. 붐비고 수선스러움.

19　整暇(정가): 여유가 있고 서두르지 않음.

20　集杜指南(집두지남): 文天祥이 大都(北京)로 송치되어 3년간 감옥에 갇혔었는데, 이때 시를 지어서 〈指南錄〉 3권과 그 後錄 5권, 集杜(杜詩에서의 集句) 200여 편이 있으며 모두 자작 서문을 남김.

21　隻眼(척안): 남과 다른 특별한 식견.

22　鎖鑰(쇄약): 北門鎖鑰. 변방을 守禦하는 중책을 표현할 때 쓰는 말.

23　告終(고종): 죽음을 알림.

24　死孝(사효): 부모의 喪을 당해 지나치게 哀毀하여 죽음에 이르는 것을 말함.

25　裨說(비설): 稗說의 오기.

26　裁抑(재억): 制裁하고 억누름.

評。恨不令李澤堂諸公, 見此日錄, 而分劑之也。然而, 公之手錄, 自有惇史, 何傷乎? 齊東[28]之弔詭[29]哉! 公早與李鵝溪[30]·崔簡易[31], 齊稱文苑, 而所著述多佚不傳。觀此日錄, 亦可得其一班, 而惜其蠹魚間多剝落耳。孫載五, 懼其愈久而愈佚也, 旣粧弆而又謄一本。洙中亦忝彌甥, 盥薇[32]之餘, 仰認當日手書之意, 謹以吟嘯, 叙語題下方云爾。

彌生[33]晉州蘇洙中[34]謹識

---

27　讆言(위언): 거짓말.

28　齊東(제동): 齊나라 동쪽의 僻村을 가리킨 것으로, 제 나라 동쪽 벽촌 사람들의 믿을 수 없는 이야기들을 이른 말.

29　弔詭(적궤): 《莊子》〈齊物論〉에 나오는 말로, 매우 기이한 일을 가리킴.

30　鵝溪(아계): 李山海(1539~1609)의 호. 본관은 韓山, 자는 汝受, 호는 終南睡翁. 영의정을 지낸 조선 중기의 문신, 정치인, 시인이며 성리학자, 교육자, 화가이다. 당적은 동인, 북인에 속했으며 당의 주요 수뇌부이자 전략가였다.

31　簡易(간이): 崔岦(1539~1612)의 호. 본관은 通川, 자는 立之, 호는 東皐. 승문원 提調, 형조참판을 지냈다. 문장에 능하고 학문에 통달하였으며, 특히 易書에 밝았다.

32　盥薇(관미): 장미 이슬로 손을 씻는다는 말.

33　彌生(미생): 彌甥의 오기. 외손.

34　蘇洙中(소수중, 1753~1802): 본관은 晉州, 자는 叔行, 호는 雲水居士. 전라북도 익산시 금마면 東古都里 출신. 1774년 식년시에 급제하고 崇陵參奉을 거쳐 知禮縣監을 지냈다.

# 찾아보기

# 북관일기 하
## 北關日記 下
출처 : 《중호선생문집》 권하, 1957, 전남대학교 도서관 소장

# 북관일기 서, 발
## 北關日記 序, 跋
출처 : 《중호선생문집》 권하, 1957, 전남대학교 도서관 소장

여기서부터는 影印本을 인쇄한 부분으로 맨 뒷 페이지부터 보십시오.

泰彌甥盥薇之餘仰認常日手書之意謹以吟嘯叙

語題下方云爾

彌生晉州蘇洙中謹識

辨誣錄

禹學以昧學生長草野孤陋謏聞尤不嫺於朝家史
籍晚見洪公良浩所作鄭公文學傳於吾祖孛洗垢
索瘢者頗多不覺痛歎惟我先祖憲敏公壬辰之變
以户判僭東園金公貴榮承陪　王子君臨海往北之
命行至北青倭已充斤民又煽亂自　上特除檢
察使使之慰諭鎮撫　王子之行東園公與黃公廷

9

倚以鎖鑰北民借以父母三載撫綏竟告終于北長
子漆坪君前已殉節仲子檢閱公繼又死孝又此日
錄藏于家而不行于世列數中與之勳者不及於公
而禆說野乘之襮出于北者或怨報功之精實或嫌
僥冒之裁抑之以徽言而媒孼之至今有甲乙之
評恨不令本澤堂諸公見此日錄而分劑之也然而
公之手錄自有惇史何傷乎齊東之吊詭乻公早與
李鵝溪崔簡易齊稱文苑而所著述多佚不傳觀此
日錄亦可得其一班而惜其蠹魚間多剝落耳孫亦
五惧其愈久而愈佚也旣粧弄而又膰一本洙中亦

重刋己巳七集卷之下　六十六

8

戌而乃龍失心敵懍噓爐吹殘伏　王靈于浚山複

嶺之中西供　行朝南捍狂猘北龍喜亂民叛胡匈如

清正而傷覘頑如景仁而授醶反復如藩胡而歸心

響服使一路寂先卮午其號召征戍之難殊有其於

坡嶺鎮江之舉而能收其精則又信國之不得於當

日者也方其戎馬交馳剏徽方午不遑寢噉而衍其

籌策逐日整暇以我所事喚他人心則實與集社指

南之綸同印一板忠君之忱既勔其衽已者而又勸

人爲忠之意則萱在於祀實而與人也此公與信國

同一衷赤而伯安爲隻眼也　公出師已捷而　朝廷

7

昔王伯安序文山吟嘯集歎其忠而又與人爲忠涑

中讀重湖尹憲敏公北關日記喟狀省其言之爲朝

暮過也龍蚖之蟄烈若風火智不及謀而公與瞥渚

相持陽首膺守都之任俄又偕東圓相鏖貴奉王

子而北在道承巡按摧阨之 命分路而西其所授

任皆危難之日綴惡之地而肩簡廷推一埠是委則

雅望攸鎮若可有爲而 去郊遽而京城潰西北歧

而 王子虜使讓獻無所施措公其時運何哉寔北

節又百懼之艱悴已充斤民又煽亂博兇剌㷀徒手

空券而別害沙水之上披榛剗蓁方岳祗殘不翅孤

重朝比△△△集後上下　六十五

勢而矢心敵懍得人任能設奇計行秘謀卒使鄒政

舊壇免淪於左袵未凱還而身先死於客館今雖曰

死事與成事並舉於一身不可然而是錄藏于

家而不傳於世亂後子孫遂以淪微世無知公之載

忠而反有李澤堂閔驪陽之謬辱其爲痛歎可勝言

哉第公之子鍒爲慱史尹梧陰問答道儒生上疏

縣公北關殊績卽此兩詳覽則百世下庶可有公議

矣

題北關日記跋

八世孫前縣監載五拜手謹書

八日殉節丁朔寧而翌年正月公始聞知曰教子以
死國吾何忍獨生聞此不忍聞之言積勞於戎務
哀疚成疾竟於甲午告終於任所而次子檢閱公亦
哀毀繼卒三喪荐仍於千里之外而幹蠱無人亂後
遺蹟蕩然無餘是錄雖或疎畧而間斷至今傳來亦
云奇哉嗚呼丁時三道失險舉國瓦解烈士忠臣敵
王愾殉國事者不爲不多若求其死守封疆掃淸
妖氛者惟是北關一路邵子曰死天下事易成天下
事難嘉夫豈以殺身成仁少之哉蓋就其成事之難
而言之也公受　命於危難之際隻手難過滔天之

而最先逬去云張應時上疏曰兵不血刃豐沛肅清

云　西巡之後諸處藩閫道路梗塞無以修起居之

禮而公則坐於通西要路不廢貢獻登聞絡續

朝家命令獨不阻於咸關長子忠莊公　毫從於龍

濟爲鐵伯沈公佐從事出戰於畿甸公寄書誡之曰

國賊未討國耻未雪藩多賀蘭幕無諸葛世受

國恩報以何物只有一死矢不苟活獨守孤城訖令

四十日日星下臨鬼神傍質成仁取義孔曰孟曰吾

衣有贊汝背當湼尙令人感涕自零忠莊公乃承其

志常以紫色鹿皮纏股預爲卜屍之表壬辰十月十

集　王子之行金東園黃芝川陪去公則落後而巡
行列邑北道之三甲西路之江界三邑之境有薛罕
嶺通西要阨而別宿保為其咽喉西北倭奴從此路
相通清正與平壤之賊將行長將欲合勢西窺各主
咸平兩路以為長驅射天討公知此機先據別宮以
截其要路俄又特拜本道觀察使狀請設科募得義
士設陣用兵展地圖持揮窮粮軍械左右策應捉倭
之秘書奪倭之通文使不能相通截賊之粮道燒賊
之積穀使不得繼食是以金千世所答曰凡干策應
動中機宜云韓景琦所傳曰十分策應賊疲於自救

重明七生七集卷之下

六十三

一

南壼谷特書曰與同僚黃大受并稱焉云者兩公處

事之同敏歟同故世人之稱譽亦同之謂也南壼谷

一言可以作信筆於百世矣

北關日記序

嗚呼此我　憲敏公先祖壬辰亂時北藩手書日記

也今距壬辰已過數百歲而手澤尚新但恨間多散

逸前後事實不能該貫且古今字體不同或有難解

處故膳出一本而畧叙其始末盖續初公偕東圓相

金公貴榮承陪　王子往北之　命行到北青俊已

充斥民又燬亂自　上特除公檢察使使之慰諭安

重湖先生文集卷之下

雜著

北關日記

萬曆二十一年癸巳七月初一日癸丑朝兩晚晴　在初陽洞

孝陵國忌故未行

是日當行望闕禮而

七月初二日甲寅晴

坐起如前

七月初三日乙卯晴

坐起如前 是日所封救荒米穀夐無出處營門上
下亦或有絶粮待炊之時 朝廷別爲措置事側聞
南邊雷賊過海咸允文所領兵還入送一以鎭北民
之驚動一以絶北賊之覬覦事安邊等官農事形止
會寧府使許事催促下送事逆賊緣坐非法當全家
下籍放送事前年宥旨謄書下送事狀 啓

七月初四日丙辰雨

坐起如前今年水災近古所無此道民生極爲矜惻
平安道米穀依前 啓下數運轉事狀 啓未及成
帖判官金濬以南官煮鹽監官停罷而還問其煮鹽

節次則他邑則似爲盡力而求與安邊則全不舉行
反爲恐動擾無檢督之路矣飢民之生活者不知其
幾而守令等以不得私煮私用爲憤胥動浮言極爲
痛憎云　朝廷命令守令不行而少無罪責奈何奈
何

七月初五日丁巳雨
坐起如前午時成允文以前北兵使領軍南出赴嶺南戰
也所歷見而歸問北消息則答曰未知必無他慮而江
灘如海近無可虞小的宣敢以出去而爲此言也實
爲如是云此令公頃日牒報于余曰此處邊事可虞

營門軍官請除出八送云而今有此言大緊難信而

水漲之言似爲的矣又曰北道精兵南出之事極爲

未穩使道若欲減數當依命云余答以 朝廷近必

有他教余何敢擅自指揮耶成答曰小的路中若至

滯日則欲爲狀 禀云余答曰此則任意爲之

七月初六日戊午晴

坐起如前座首朱應麟還自府城曰海倉下去時自

城川橋頭乘船直到海倉民田成海極爲憀惻云民

之得罪可謂至矣 天不悔禍一至於此可歎可痛

奉事朱漢平以飢民賑救事往山社而還曰近則春

年成熟民之飢色似不如前之甚云余曰非是變色
前日姜黃者無乃死耶答曰然則必有所聞而無所
聞云矣
七月初七日巳未朝虹見而雨
坐起如前朝來聞之則昨夕高原公事使來言北道
精兵停出事有　首云府居直長文竉以腫永逝云
可懼此人上年起兵時倡義人也以此得受直長之
職而遠以病逝可憐午時利城新縣監李復慶來自
行朝江西縣　行在萬安賚
聖旨來傳前月二十一日成帖罪狀暴者憤極神人

一〇　重朝先生文集卷之下　　三一

者外愚頑脅從之徒卿其一切勿問務加慰缺事也

又齊成允文處有 晉北道精兵勿爲領赴嶺南事

也此非但北人之幸也胡人等亦知賊去無疑實是

國家之幸也今年水災甚酷平安道米穀運轉救

荒事守令遞易未安事狀 啓

一七月初八日庚申雨午晴夜雨

坐起如前主簿韓景琦以成允文軍官南出而還曰

行朝之人皆曰咸鏡之賊最先遁去若非巡察十

分策應使賊疲於自救則何能致此云北道精兵之

還八者皆蹈舞而言曰此乃巡察使狀啓之德也

云余答曰 行朝之人則雖有公言之人而道內護
賊之人亦有不爲公言如何如今次北兵事非但
吾意巡備使目睹北邊之事故同議狀 啓稱吾德
誤也
七月初九日辛酉或雨或晴彗見北方
坐起如前曉偶出於外見北方天際有星體則微少
而有次氣西南長可一丈或明或滅心甚怪之而不
發於言朝來裨將數人來言曉來有星尾可一丈者
見於北方云下吏曰癸未變前有此星變云余答曰
變不虛生而安知其某事之應耶今者此來 天兵

7

迸掃賊倭或死或逃南邊無賊亦安知非此應耶以
此解之

七月初十日壬戌晴　　　在初陽洞

坐起如前是曉爲起看則星變如昨韓慶與免賊奴

李深培告目內去月十九日自行朝離發所聞則

倭賊等收其寶王婦女并王子已盡渡海之日以

我國被擄人萬餘分爲七陣列於海上以爲疑兵之

勢蓋懼及其半濟而掩殺也自後棄去之人執盡力

屈進退狼狽焚燒列邑元帥權慄與督捕使朴晉及

李贇金應瑞兵水使等合三道民兵方議討滅云

天兵東下平壤死戰之後玩惕畱連不肯爲小國報
怨乃中國之長計也及其倭寇遠遁旋卽回軍前月
二十四日李提督自漢陽班師宋經畧諸軍次次撤
去云
上遣奏請使黃璉者無他我國專伏　天兵爲力今
若悉還則必失在山之勢不可不借畱數千一二年
以期平定也　宣靖陵修改事大臣臺長今方進去
奉審　朝廷限八月素服事云　傳曰戴小帽去潤
袖一從唐制惟邊上及禁軍等著毛笠平安監司李
元翼有功勞加崇政中和血戰討賊無一人附賊忠

重朝先生文集卷之下　五二

義之鄉也陞號爲府義州中興根本之地亦陞爲府

尹自今生進試武藝毋貫革八格者取之

七月十一日癸亥晴午後雨　　　　　在初陽洞

坐起如前晴陰未得測候星象

七月十二日甲子晴　　　　　　　　　在初陽洞

坐起如前是曉見星象則光芒似不如初是日曉夢

得拜　先考宛然平日覺來感愴如何

七月十三日乙丑晴　　　　　　　　　在初陽洞

坐起如前狀　啓陪人咸允春還自江西

行在萬安余之緘辭八　啓　判下內棄爲良如教

特蒙　恩命云　天日孔昭欺明之人是誠何心允

春日呈書狀于政院後　大殿別監云者招問曰汝

之監司屋轎二部新造朱漆云然耶允春答曰萬無

是事矣又問曰公論已發不可欺也答曰雖有公論

必虛傳也吾是營屬雖小小營作萬無不知之理此

言則明是誣也監司遠任山谷云然耶答曰山社則

然而自本府不遠其間則無一人家云故不得已就

寓而已豈是山谷乎問之者曰人言果是誣也云

七月十四日丙寅晴　　　　在初陽洞

坐起如前

重游先生文集卷之下　　六一

七月十五日丁卯晴

在初陽洞

是日以祖忌不坐定平府使以他員姜送事李之禮

助防将仍定事柔遠僉使高敬民牒呈據藩胡論賞

事德山站設倉事訓兵事目遵守事有 旨脅從之

徒慰諭事有 旨祗受狀 啓

七月十六日戊辰晴

在初陽洞

是日徐正郎湝氏亂子景雨來見問正郎逢憂之由

初以朝官之故被擄而終以譯官咸廷虎之力得脫

矣正郎曾爲護送官咸譯以通事隨往此乃呂裕吉

之族故因其稱念施恤則咸也未忘其德常往來于

家而變初爲倭通事入來頗用事見正郎多有蘇喜

之色言于倭賊曰此非朝士也乃鄕人也因以解送

極爲多幸云渠旣投賊則乃是賊也而猶記舊恩此

天理未泯滅處也　天朝方物水獺皮三十六令封

進事狀　啓

七月十七日己巳

坐起如前是曉早起仰看則彗已息滅必是賊去之

象而前言驗矣

七月十九日辛未晴去夜雨大雷電　己上無錄

在初陽洞

七二

坐起如前 未時營屬廳失火文書則及出云主家収

前田柔禾而歸此木乃余來寓此處後所種此田在

坐起廳事之前故致陳處亦多飢民及訟者等多

有踐踏者余甚惡之或有曳黙之時其頑民等憤其

潑治乃曰此是使相私田耶云可痛

七月二十日壬申晴　　枉初陽洞

坐起如前狀　啓陪人金應蘭回自江西縣　行任

萬安朝報則七月初五日　啓下刑曹判書李德馨

狀　啓內李提督宴享畧設於貞陵洞陽原都正家

用男樂云同狀內即見劉崇正禀帖倭賊又到陝川

14

三嘉等地焚燒房室其勢極熾沈游擊帶倭將要向
西路厥情叵測沈之家人王子英今朝入來臣與之
從容講話則帶來倭將段向北京而　王子則待
天使回來一時上來云兇謀所狂恐益深密痛心塞
氣不知所達同狀內當日辰時駱叅將禀帖入來食
後查摠兵大受李都督平湖高游擊昇領軍五千餘
名發向晉州烏白有沈游擊帶倭將若渡漢江則必
大有難處之事臣卽擬措辭極陳於提督前云同狀
內沈游擊帶賊回來見其草莽骸骨千里空虛之狀
天將士馬疲憊懈怠之形則其歸必益遲其兇謀

德馨已慮及此必將力爭或未知上意及朝廷之議

囚禁其倭不可過去卿等其速圖之備邊司啓辭

生此人天也如何我國君臣當以死爭之不得則寧

馨書狀非徒我國天下事必曰此漢游撃而壞此時

爭于經畧處倭勿渡漢何如備忘記曰觀此李德

備此由行移于右相兪泓及尹根壽處臨機百分力

六日許其自寧波府達上國未有經過我國之言

還種種痛迫不知所處云備邊司啓辭天將初

雷連時日我國之勢已難支持天兵糧盡自至撤

喩不彼賊若以難從事不可測之言試我淺深姑爲

萬分未盡其力所係非輕先將　傳教之意及司前
後啟辭宣傳官一人當日內發馬馳送使之抵死
爭之設或漢渡若經畧嚴劈拒之游擊必不敢唐突
率來而有周旋之事矣且此國家大事特送丘判李
恒福于經畧處汲汲周旋何如　七月初三日　備
忽記曰沈惟敬與賊同謀不測奸人也破壞天下事
經畧以下皆陷其術中余不勝扼腕憤憤中夜起立
欲手斬惟敬而不得倭賊沮敗大事之狀及倭賊一
邊詐降乞貢一邊悉其醜類轉陷咸安等處必欲屠
盡湖南小邦凸柾不日等情星夜馳進　奏聞何如

17

七月初十日平安監司書狀當日擺撥自京城初

九日起身馳過去爲白探問予爲矣當初沈游擊於六月

十四日間同倭將一名倭奴三十餘名又帶我國陪

臣三人出來次倭將清正追及沈游擊於離金山數

日之程陽爲送行之禮去爲乙游擊謂清正曰旣已請

和於　天朝何乃又搶朝鮮地方俺不須打發西去

今當還到關伯處受爲議處清正答曰上年晉州兵

馬及全羅僧兵多殺我軍故今向晉州又向全羅道

一番撕殺報餉方可過海然講議時未了我且擱住

吾再不敢動手云清正卽回去游擊亦出來本月初

18

七日夜中始到京城　八日沈游擊同倭將見都督倭

將持來文書多有怯鈌　天朝之語又欲由此路進

貢提督宋經畧前有禮物件　天朝亦有貢獻儀物

而經畧分付勿令倭將西來故將此等事情稟知經

畧倭將則姑畱在京城提督謂倭將曰你兵尚住海

口此何意耶倭將答曰　天兵不撥日本兵亦不敢

撥　天兵先撥則自然撥矣提督謂之曰爾兵先過

海　天兵可撥乃欲令　天兵先撥而爾兵搶朝鮮

孚無此理也爾欲不去則不去亦可夏秋霖潦不宜

交戰待天寒地凍一場馳馬可殺盡汝也倭將答云

栗谷先生文集卷之下　十一

當差手下一人跟同游擊家丁一名囘到海口說與
清正處置云此二人初九日打發南去是如爲文書
今到經畧衙門彼處必有的報而此處口傳之言事在果
崔僉知果以 天兵嚮導將往嶺南云嚮道之任無
乃邃酸耶必是 朝廷使導之意也

七月二十一日癸酉晴 在初陽洞

坐起如前
七月二十二日甲戌雨

坐起如前吉州直長許玎珩來海汀云是日祇受 聖
旨內王子諸宮家奴輩橫行作弊者一一囚禁 啓

20

聞移文法司治罪事也　聖旨如此此後民生憂無

冤鬱之事而恢復之期指日可待感泣無任營屬高

應凱曰自江西　行往萬安前刻有平壤驛子持成

僉知推考關子來言曰倭賊有向京之　鐵箕城有整

軍之奇云余聞而思之則必是咸安之事也該司聞

倭將領數十名向

帝京之奇整齊軍兵以爲觀兵之計也而此人妄傳

恐北民驚動卽因高應凱問之則南官人果爲驚動

而渠乃力解之云可嘉可嘉

七月二十三日乙亥晴

21

坐起如前永興府使鄭文孚病母相見事乙由此乃

備當之事非不知情事之切迫而當此北邊可虞之

時守令給由大非其時故未得從願可恨

七月二十四日丙子晴

是日乃　顯德王后忌辰故不坐石奴甲山奴文孫

等向陽城佐郎〔漆坪〕君　妻及李座首〔陽城座首處把川舡粹一〕

然奉事〔浩然三弟〕　虎母處書持去

七月二十五日丁酉晴

坐起如前聞境內產松茸云使眼前使令採來極新

鮮不忍付諸私厨募得營奴可信者給粮給布使之

22

晝夜馳去以三十七本封進此必如逢丞之獻而未

免食芹者之癡可笑

七月二十六日戊寅晚晴

坐起如前黃州鳳陵驛卒金連孫持本道監司關子

來李提督馬以病罷養于黃州而有人盜去物色鈹

事也極爲駭憤十分聞見捕捉事卽移文列邑連孫

之言又曰沈游擊帶同倭奴之言聞之已久而東邊

文字再過西向云沈之行事大槩詭譎而終有如此

之事 朝廷之人不論其罪強使領兵未知何意也

七月二十七日己卯晴夕細雨

沚軒先生文集卷之下　十二

坐起如前安接使世恭洪儉知奴子呈狀曰來月初四日

乃僉知夫人被害日也欲得奠物云可憐卽帖給其

奴粮饌又帖送其祭物僉知夫人朴氏乃節婦也上

年遇賊欲辱之踼其一賊乃倒落巖下又一賊來

犯不從則至於亂斫而罵不絕聲其一女則終不知

去處一女則被擄入城過多不出賊出時得出其母

子貞贖頓殊可怖可歎問柳喪安否則以宸家經理

葬地定卜事上漢京云柳希澤以柳寬之孫淸德則

多忝祖父風可愧而死賊時頗有可嘉之節亦可怒

也裴也於其父被擄被殺之時多有可駭之事悉中

亦有人言此必人言之誣而其行身則必不能謹愼

故如是可恨‧

七月二十八日庚辰微雨

坐起如前李先達彦禧來饋新松茸三十本適有

啓本封進事并封　進崔公等墓奉審事吉州許大

成李鵬壽等褒錄事洪原姜遇文李英長金守貞等

褒錄事前北兵使成允文上去不得推考事狀　啓

洪原免賤奴金千世陪去

七月二十九日辛巳晴

坐起如前奉事朱漢平以松茸三十本來饋極爲新

25

鮮昨行分封 東宮數少未寠今見此數極爲喜幸

卽問千世起身與否則以刷馬事未發去云卽爲追

封直長許珩乘舟自海汀來見此是敵愾勳臣許禮

之裔也上年事變時京城避亂士大夫得見此人者

則皆免禍免飢無事還出此是第一可賞之人擬於

北巡時招見而今來見蘇喜如故人觀其人果爲謹

厚良善人也其時護恤奔走之勞則不可枚擧藥聞

其家內護養之人則李衿判希得鄭牧使熙績李判

官遵憲李判官仁男許別提恩益申正郎光弼尹令

惟深金生員大涉鄭生員復元復禮許進士鎬進

士饒許生員愷恒申生員裕谷其家屬及李判書許
儉許監司曄夫人金府院貴榮女子而過三四五六
日雷寇過去之人則不知其數無慮四五百人達城
尉亦赤脫直長縫襦衣以救今復來納春年五石粟
五石太五石事自內納粟鋏鋏石者堂上賞加則此
人之賚穀活人者無慮四五百斛而所得只直長極
爲未安此意狀　啓似當而未知　朝廷所聞能得
此實蹟也上年賊雷吉州時會寧叛賊鞠敬仁之鋏
鋏朴順國等十一名張倭旗多載酒肉將向吉州賊
斁時此直長同力斬殺投水其時同力鄭玉彌等四

重朝先生文集卷之下　十四

人而其中李希被人誣訴見誅於洪安接世云有功

之人終不能免禍示幸也可怖可痛許直長明將還

北其家自明川五息自臨瀛一息云約於北巡時來

見　是日午夢生博搤虎有班儀兩體亦甚大余大

呼下人曰須使不得傷人仍以夢覺問傍人則果有

呼人之聲云博虎之夢必是將家吉兆可喜南兵使

鄭見龍馳報內今月二十二日至鏡城與倭賊接戰

斬倭頭四級奪倭馬五四鈉十六柄上送事云故

卽時成帖狀　啓

八月初一日壬午晴　　　　　　　　　　在初陽洞

是日依前行坐　闕禮食後坐起如前

八月初二日癸未晴　　　　在初陽洞

坐起如前金上洛奴子以會寧往來事來過以上洛

夫人權厝於會寧故也以祭物覓給事欲通洪僉知

金上洛夫人節義一般而時未北巡故未得一時狀

啓可恨

八月初三日甲申晴　　　在初陽洞

坐起如前午後韓希實回自江西

行在萬安見朝報則去七月初一日成帖防禦使崔

遠李時言等書狀內大緊臣等以晉州外援次自三

嘉催軍之時有赤脫男人自晉州草奉寸寸步來問

之則保寧居吳虜衛印潑也以忠淸兵使軍官去六

月十三日自咸安八晉州同月二十二日自宜寧無

段衡火同州東門外山上屯聚唐兵二十餘名見賊

勢卽爲出去而我國諸將倡義使慶尙右兵使崔慶

會忠淸兵使黃進晉州牧使金時敏金海府使李宗

仁旦濟縣令金俊民泗川縣監鄭　泰安郡守權希

仁結城縣監金應鍾唐津縣監宋悌藍浦縣監黃潤

縣監保寧縣監等守城同日午後倭賊二百餘名進

迫城底良久倭多數逢箭以此退兵二十三日以二十

八日至倭賊圍城四面其廣至於五里散遣餘兵或
一日程或二日程四隣各官高山澁谷要害處彌漫
屯聚多數設伏使我軍彼此阻隔不得外援又以竹
木多作高梯塗以泥土俯壓城內放炮其上注先如
雨城中逢九致死日至百餘人兵使黃進段二十餘
日嶺上逢九亦爲卽死二十九日午後擧陣亂迫城
下一時陷城血戰不勝城中壯士大小男女其生其
死的知不得果爲在矣身段分衛新北門盡心力戰爲白
如矢盡力疲墜落城外埋於積屍中乘夜潛出登山
艱步右良陷城緣由乙進告于巡察使次以出據白可

斤候將處被捉旅于進告於是所光鋒猖獗晉陽見陷

一枝兵馬糜爛於賊手極為痛心臣等方圖進取之

計所率軍兵數不滿千且經霖雨弓矢膠解佩刀者

計無一二馬瘦粮盡無以應敵士無鬪志如牙兵崔

麟等已為逃走聲情至此尤為痛心云 都元帥權

懍書狀今七月初四日到付巡邊使李資馳報內晉

州陷城之賊城外結陣如可百二運則智異山了指向

一運段丹城了向來一運段已過丹城松溪院結陣

閭家焚蕩如是馳報當日申時到付初四日成帖求

禮地石柱伏兵將古阜郡守王景祚馳報內匈賊自

32

伏兵十里許結陣鴞粘軍人等全數逃亡郡守及前

判官盧從齡前萬戶申克漸郡守所率軍官三名能

討二名开兵五六名把守無策間知所為馳報

遣白光陽地頭峙伏兵將長興府使柳希光求禮縣

監李元春等今七月初四日亥時施行馳報內當日

此刻馳來體探人進告內晉州了橫浦驛各里焚蕩

此江了以無數來犯婘是進告河東境內煙焰漲天子為

矢所率老弱并三百餘名以禦賊無策所婘于馳報白為

遣山陰之賊段不由遮截數三之路雲峰縣境智異

山林藪溪谷以無數潛入是如為等必是登山踰嶺潛

重明先生文集卷之下

十七二

等一時并起無數發射掩擊則党賊戰死者不知其

數我軍乘勝嚴追或射或斬至二十里外我軍段無

一人致傷中路查摠兵擺撥兒強奪洪李男所斬倭

頭枉自果有倭頭及軍功磨鍊已報都元帥遣自大抵

今日之捷皆由於洪李男崔漢許應祥諸將等熟手

戰陣之所致還自覰各別論賞以勸後人為可安料為

遣初八日都元帥傳令內前後定送之軍并以率領

南原府入來守城鷄子兵使處并以傳送遣自唐兵

三千已爲八城後到者亦多協力則萬無不和之理

党賊見 天兵之威則亦將不戰而自屈盡十分盡

心使內向事傳令糧今月初八日領軍入來南原府
即見謁 天將等則 天將等下床執手曰將軍以
孤軍犯大賊先鋒却賊斬殺事因兒擺撥兒聞來不
勝多謝但此地人民舉數逃凶無一人止接著雖欲
守此誰與爲守今日將軍人來可與協力戰滅兵家
勝敗何以豫定惟在將軍鎭定軍心備置粮餉而已
臣答曰軍務之重責在 缺 我粮餉等事豈有所管俾
我將老爺之言即稟元帥事以答之云全羅監司李
廷馦書狀今七月初七日未時成帖谷城縣監鄭大
民馳報內初六日求禮縣境內焚蕩所聞駭愕并定

重湖先生文集卷之下 十九

缺體探人馳送當日巳時量還來進告內倭賊噺其

人所爲噺噒境內巨室富家乙乘虛焚蕩烟焰漲天遠

見有同宪所爲噒飣等官家叚置守護無人一應

什物蕩敗散置所見有似經亂之地噒守進告據馳

報還曰初八日同縣監鄭大民馳報內縣監叚置孤

守空官倍前守護乎如今月初七日夜半無賴之徒

五十餘名咸寧司倉官廳公衙等處一時突入錢穀

及官上雜物盡數偸取乙爲去僅捕四五人行刑梟示

噒所爲馳報還曰初六日咸帖光陽地境頭峙津伏兵

長興府使柳希光求禮縣監李元春等馳報內大邱

灘以倭賊渡越媛進告扣仍伏兵將追擊次以府使
帶率軍官十五名及求禮縣監帶軍官开兵
幷十五名及縄灘將奉事崔繼泗頭峙將前萬戶蘇
夢參錢灘將奉事張嵲等率橋馳進登山望見則賊
徒等彌滿布野于仍當進不得先陽城蜂居倉北松
林騎倭十五名步倭三十餘名或着笠或紅甘土或
著蔽陽子牛馬卜物載持兒駒犢牛亦爲產來乘其
不意亂射則象倭一時呼動與我軍良久相戰多數
射中之際建白旗騎倭五十餘名步倭百餘名或持
銃筒揮釰擁後來擊故不得已回軍置良我軍無一

名致死大槩光賊倍前鴟張光陽縣設守城以新反

閭家一空極爲悶慮爲乎馳報遣爲白初十日戌時戌

帖兵使宣居怡馳報內穀城求禮等體探鎮撫使金

義等當日戌時還來進告內南原富人羅進等閭家

求禮地光里人家初八日焚蕩之火淸烟至今未息

爲白避亂人所言及焚蕩處自觀叱則遺無賊數橋南

原地中坊後峰登空爲乎光陽叚亦爲烟氣漲天子

所進告據如嫣等馳報爲白有亦相考爲臥穀城縣監鄭大

民馳報內辭緣如是白在果求禮南原穀城地諸處焚蕩

倭賊所爲與否的知不得梶粘道內人心自聞晉州

38

陷沒之後脅動浮言乘時作亂焚怯搶掠有同上年

變生之初望風奔潰極爲痛憤光州牧使張義賢乙

督捕將補號各官官令一同抄率精銳作亂之人跟

尋輯捕二一行刑傳令亦稱白一邊文移各邑遍行

曉喻使之安集爲白遣都元帥權慄尚在南原地境巡

邊使李賷本道兵使宣居怡助防將李繼鄭京竹助

防將洪李男等段崒南原府守城前後下來天

將七員亦雷同府同力待變爲白等賊鋒所向未知其

虛的極爲悶慮姑舉各人馳報事七月十二日成帖

二十三日 啟下同縣監書狀大槩楊士衡馳報矣

長縣監唐將一時晉州賊勢哨探境內時無兇賊官

舍人家盡爲燒爐城子撤毀積屍如山向前倭賊移

駐宜寧等處防備諸事日新待變事　七月二十一

日觀象監正奏今月二十日夜一更彗星微移上行

枉八穀星上形體漸微迄東北指長五六尺許色蒼

白四愛客星枉於天倉東第三星內三寸許形色暗

微於天倉星二十二日兩司合　啓黨賊猖獗益熾

其惡無意回巢反肆吞噬旣陷晉州衡突湖南長驅

之勢將無以過截所恃者只枉於　天兵而提督聲

言南下實無驅勒之意邊報日急人心恟懼枉廷臣

隣東手無策今日之事必須　親詣督府極陳危迫
之恩後庶有感動之理遠勞　聖躬觸冒炎程臣等
固知其未安而國勢汲汲存凸之決在於呼吸咨請
雖勤恐歸文具手札雖切莫如面訴請簡其處從刻
日命駕以答一國臣民之望　答曰問于備邊司備
邊司　啓曰國勢汲汲存凸之機間不容髮凡在輦
情莫不危懼所以有　親往督府之請也　禦札纔
行莫如親勞　王趾之為切也無已則漸漸前進觀
勢直詣一以優策應之方一以答萬民之望亦一策
也敢　啓答曰予不食已月餘又於數日前得傷寒

症昨日揭帖亦刀疾勉強書之此左右下人之所共
見者此時雖欲登程其勢死難吁罪大惡重而敢爾
仍冒不卽決退故天必怒之到今有以致此疾病也
嫩且人君動作必須深思不可率爾聞倭賊與京中
唐人相雜無間此賊乃還鈇其主者不可使見我國
君臣漂泊孤危之形而又安知不有意外之事我國
之人則素無謀筭彼賊則姦計莫其故鈇及之備邊
司、啓辭縣監平絳然剿之前任陽川時召聚軍人
屢次接戰斬獲居多就考京坼巡察使權徵狀啓
則手下軍所斬至於十一級依事目陞敘何如答

曰僚啓二十四收以軍資僉正兼抱川縣監云髮日
營奴希守回自龍灣持李郎平書來大夫人及他一
家人皆僅無事云李郎書曰欲與櫬歸權厝于坂山
而還必至寒節而衣薄可慮云自此得尺布無路亦
可悶也韓希實又持來黃會元書有曰是間　朝議
益怪至被論聞來痛骨云余之被論自是常事何足
怪也其書又曰釜山之賊一再肆餘焰稍食南土晉城
一陷全湖震嚴惟洪李男一揮鋒外憂無他人勝聲
但聞求禮之賊非實倭也乃亂民根連光陽將有表
裏充斥之勢云尤可寒心南原則駱僉將宋游擊等

重湖先生文集卷之下　二十三

與我兵合牢守賊不敢近而求禮向賊百餘隻還回

其國云又聞平行長猜功積憤先入於秀吉行諸清

正秀吉盡誅清正之家屬故清正欲屠湖南數邑以

為贖罪之計云此語似未的也來經畧所依重乃劉

縱而縱與如松似不相得諸將携貳各自為心經畧

號令亦能周行如松與惟敬同謀一向玩賊誠可痛

也惟敬引貢倭已向箕京經畧因我咨請姑拘雷惟

敬於漢貢倭則不許前求未知此後何以處之也似

聞經畧請惟敬之罪姜回則優行軍法我國亦列惟

敬罪狀　癸聞云爾此七月二十四日在　行朝書

也李從事上京今入兵部亦有二十五日所裁簡者

其所言與會元一樣 七月二十三日 啓下洪李

男書狀南原求禮地境別路倉賊兵焚蕩□時都元

帥金命元傳令導良洪李男許應祥等左右伏兵一

時突起亂射如雨倭賊遁去乙為去追擊三十餘里斬

□級吳摠兵則城內洪李男則北門李賓則上衛宣

居怡則北門守城云 七月二十四日舍第奉事書

□其書曰棄妻子來從有食之地欲送信元之子

□邑而父子之情不忍遠離佐郎家屬還 □李文白

家不覺涕零弟在 恭陵 恭陵 爲 時斬得一鹹

重胡先生文集卷之下 二十四

又得祭器全數納于右相云　是夕　真殿移安擇

日下來卽刻發馬行移于永興以人馬收聚事走送

書者馬頭于德山驛

八月初四日乙酉晴

坐起如前前方伯柳永立三昆李書來柳令公母夫

人及柳永建室內一日內化逝云極爲痛測以牛隻

布足覓得事送人而布則無一尺出八處雖或有營

屬所納而不留一日分給無衣之人玆未覓送只帖

給營置簿牛二隻來奴有未滿之色可笑兩弟飢困

而未敢私送一箇物非交代間何能如是耶猶爲未

滿可笑可悶

八月初五日丙戌晴

坐起如前洪原縣監李繼明來自江西　行在萬安

大駕將向京城　東宮向海州云

八月初六日丁亥終日大雨

坐起如前

八月初七日戊子晴

是日辰時坐起後仍發行與都事一行巡向南官到

府地閑堂里午餉酉時到定平府沿路處處呈狀曰

監牧官與牧子作弊多端民不料生問之則土官稱

云例徵布一疋於牧子牧子無出處分徵於塲底居
人又分送牧子於民家侵責人人曰汝家有塲馬云
捉去足掌無數打下四其各人妻定日納馬馬價何
處得耶只有逃走一事云聞來可憐可痛

八月初八日己丑晴

坐起如前　後定平府離發到金江津午餉舟渡申
時到永興

八月初九日庚寅朝雨終日陰　留永興府

坐起如前

八月初十日辛卯雨

坐起如前以鐵德山水看審事帶都事判官參奉李

愷鐵到勝川則水勢甚急且險水心大石如鋪一失

其足則危不可測都事曰此是小小一派若其源流

渡涉處則十倍於此云數旬之內則此水亦不可渡

不如具由狀　啓移安則勿爲擇日考曆善擇日移

安後自該曹擇日行祭事或待氷合移　安事狀

啓

八月十一日壬辰晴終日西風大吹　宿高原府

坐起如前後發行午到高原郡未時鐵驛子持戶曹

公文來平安道穀物去春　啓請蒙　允而還就不

重朔先生文集卷之下　二十六

送今因本道方伯李元翼　啓辭終不輸送之事也
又持尚衣院公文來　進上獻皮依前上送事也此
道賑救之穀則圖閉　聖旨此道貢賦之物則漸次
催督豐沛之鄉終無收復之望可謂痛哭上年奉讀
聖旨重此豐沛之鄉諭以惻之　教而下不體
念至於如此奈何奈何

八月十二日癸巳晴　宿文川村舍
坐起後發行午前到文川郡南邊李景麟家此追擊
時所宿處也所奪倭牛馬點考時有一人以雌馬置
簿而以雄馬來點軍官以代納請罪考之則其色公

50

骨也公骨之色甚是希貴此必當祕置簿時誤錄以

峀也故分揀不罪其人感泣

八月十三日甲午晴

坐起如前是日見朝報七月十五日　宿德源府

秀吉之志陰謀益勾其氣日驕想已爲添兵而來期　備忘記曰觀

吞西南其勢必非數年可解以我國兵力決無却退

之理雖較以囷枉　天兵不過三四萬而疲餒也已

甚恐未易敵上年　葵請之時以水陸並進爲辭而

天朝只發陸兵矣又曾見通報乎有人忘其名題

葵請發浙江水兵直接賊巢窟云云予意則今宜極

重湖先生文集卷之下　二十七二

陳兩南若爲賊所據國無凶日天下自此多事矣願
依張亮蘇定方古事大發水兵并載粮餉或自天津
發舟或自登萊開洋擧帆直趨小邦平安黃海等處
邦水兵恊力進勦覆賊巢穴水陸挾擊則一擧而殲
循兩南以小邦人作爲餉道事至熊川釜山等處與小
盡醜類 天兵允暢萬世無虞云云何如然此落落
難合 天朝恐或不許生猶死耳未嘗一刻忘于懷而無
夜憂憤此賊不討然在陳糞則似不可已予曰
他甚慼故陳糞如是卿等亦念反子否友復發誤簣壽
廑曲折以啓回 啓曰伏承 聖敎仰惟聖上爲宗

社稷世之讐必欲勒湯瀝雪而後已臣等不勝感激
之至竊觀中國之人以先聲後實爲兵家之勝策故
每爲如此誇大之言或云水陸并進或云直接巢窟
何嘗實有此討子況今風氣漸高海路漸難動天下
之兵付之舟楫之中中國之人恐不肯許也其在我
國之道只哀辭告憫而已將此等項之討策通議於
經略使之題稟事執當英大抵今日之勢兵非不
足天將以苟冀無事爲良計徒恃不可成之和議
雷屯之兵不盡南下已調之兵亦不赴賊孤城危忽

而不援勾賊麥桵而不勸坐費軍粮民生國勢漸至

於無可奈何爲今之討莫若以至誠感動經略提督

之意使之協力我兵銳意進勦則庶可退却此賊而

臣等才劣識暗無計辦此前悶而已敢　啓　答曰

知道　院　啓工曹判書金命元一年專政無功能

可稱之實有異編難掩之迹尚無譴罰公論久鬱請

遆其職　答曰雖無立功之事其勞苦夫豈小歟不

允備邊司　啓曰似聞勾賊必欲攻陷晉州分道攻

之三嘉宜寧之間偵探之人不通云必須提督領率

各陣兵前進方可却退此意陳請于提督或移咨或

稟帖或命在京大臣懇陳切迫之意期於感動如何

答曰依啓七月十六日慶尙左道監司韓孝純書

目西生浦倭賊五䬂事西生浦屯賊自校其幕無遺

登船前洋漂泊事　領相書目賊退之初都中避亂

士女雲集日望　車駕而趍未還都稍稍還散其中

飢餒不能出戶者死凶相繼積屍盈路憐惻之狀難

以盡達伏聞　雷駐海州云窮恐都民鈌望尤有甚

於　雷駐關西之日也今者都中別無拘碍之事趂

速還都以謝輿情進奏書狀還　下于政院曰當

自此爲之別無回答之事矣・備邊司　啓曰卽日

重明七生文集卷之下 二十九

引見時　下教斬倭許科事初試後又設覆試而

如有斬倭之人不赴覆試許科乎臣等親承　聖教

而有所未瑩故敢稟　傳于同副曰此草記未得解

見承旨以口讀解八回　啓曰臣伏聞　傳教則下

三道設初試者干而其中斬倭者直爲許科其餘則

待事定日後覆試許科之意而邊司有所未瑩而敢

稟矣　傳曰丞旨之言是矣以此答之　院　啓曰

醴泉郡守鄭立當上年事變之初身居臺官之列托

以私親上疏請歸目　上至下不可私顏之　教而

纔出京城偃奔要父任所求得倭級以圖免罪之地

遠爾收斂物情已爲未優今授本職公論益激請晉

命罷職以懲人臣遺君不忠之罪　答曰依啓

州陷城時（十六九月廿二）守城戰死諸將高從厚成龍高得

賚崔慶會金千鎰黃璡金俊民成永建李宗仁李潛

姜姬悅鄭命世徐禮元姜姬輔曺京亨蔡謙進南景

星安喜李禮壽金應達李義精宋悌咸守慶云云

十七日備邊司　啓曰久住關西今已三度取人而

其於七度則未也爪牙之士頻有不均之歎身今戰

士缺之極爲可慮救急之策無所可措下三道先設

武擧以鐵箭五矢三巡爲規矩全羅三千慶尙左右

各一千思淸一千試取初試八格者斬一級先許科

多斬首爲壯元一等全羅道則南原雲峰等賊蹎之

邑慶尙道則如居昌咸陽等處晉州傍邊之邑與慶

州梁山蔚山密陽等處金山不遠之邑忠淸道則如

報恩黃澗槐山恩津公州等處設科取他道之人與

三道之人自喚赴擧者許試其中被圍之邑與南賊

對陣之卒乘船下海之人隨後許試試官則元帥以

下秩高將官及堂上守令及堂下文武守令交雜差

定試之如何 政院 啓曰依啓除割耳以全頭納驗後許

科事 政院 啓曰今者南賊大熾內莊山影幀

及史冊移奉之擧一刻爲急前因史官須付待教趙

維韓省冊之行 下書於拜辭數日之後祗受遲速

固未可必而千里遠路公私并行恐未能移奉極爲

悶慮請史官一人不分晝夜馳驛下去只奉 影幀

及史冊姑置他善冊而來事豈如或可爲則并今撤

運如何 傳曰依啓 十八日備邊司 啓曰稷山

縣監朴宜盡力防禦賊不入境已蒙賞職今又反供

甚善唐將稱贊不已云今又帶職陞叙如何 傳曰

依啓 巡邊使書目六月九一日自釜山出來母游

聲親獲俊奴二百許還丁梁山事人 啓十九日備

男先生文集卷之下 三十二

邊司 啓曰沈惟敬當賊誤國之狀秀吉終無歸順

之理未能盡於某本事體當具狀陪臣呈文則與題奏

不同將此事備細呈文忌速製述追送於黃璉何如

且朴晉等以沈惟敬之喉咳被困於母遊擊揭帖不

如移咨之詳細將此狀 啓事狀移咨何如 傳曰

依啓 平安監司 驛 元馳報內李提督差官二員率

降倭二十八名自中和昨日入府當日發向順安事

二十日全羅監司轉延書目七月初六日成帖領

南之賊水陸漸通精銳之士忌速下送事初七日成

帖晉州之賊一運初五日到全州初六日發向任實

南原之事　兵曹判書李恒福　啓曰臣以沈游擊
帶倭前來事齎啓往呈經畧且極陳我國悶迫之意
則經畧之意已定故凡所陳請皆見肯可不能詗罷難
臣亦不費論辨只請面見有所講話則經畧初許臣
待沈惟敬之來一時許云數日間沈將不來禀臣
行止於張畧鼓且言要見老爺有所面講則旗鼓言
如有所言畧具禀帖我當進呈云臣卽以設關事依
備邊司　啓辭作禀帖進呈經畧覽論曰陪臣之言
正是正是我亦知倭賊方欲西向宣可使劉綎等只
爲相地一事而有所退步耶當卽令勿爲退來也但

臣明七王之集𥡴之下　三十二

爾國亦可差官眼同相地而不必焄領或於善山大

邱等處可設瞭堡也且倭騎則已令拘於京城之外

斷不許前來我欲重治沈惟敬時未事完且彼既與

倭將同處恨未卽究耳陪臣亦必務劇不必覺優

卽曰去云　傳曰知道　二十五日領相書目　康

陵叅奉李珩經皇呈帖李提督前極爲駭愕曰朱事

備忘記曰忽見卿書狀李珩經等事不覺瞿然失

色毛髮盡竪旣置莫大之變生靈魚肉又逢莫大之

變臣民陷逆予生何　欽爲顧卽先死無聰也珩之後

曰之書則固不可論而卽其初日之書而觀之其心

雖急於討賊而滿篇無非刦脅恐喝逼迫之意李提

督是何等人非位列五等身膺柱戴者乎下邦小臣

何敢唐突玩侮如是此一句已不可言之況於其中

有極駭悖之就明後書之張本處此豈可聞於天

将者乎所可嚴加痛繩徐不得恣行鷹志不爾則猶

可械繋以聞而卿不能痛見其狀又不能嚴加禁斷

反使恣其所爲以致今日莫大之憂乎戶自仰天長

吁而已且卿書狀內云云尺此二書上送何耶提督

如不並爲出示則彤等終始所答之語求得無遺騰

書上送　偹邊司　啓曰賊與我血戰經年凡所以

恩達朔先生文集卷之下　三十三

陷我者爲計百端貢驪貢禹設富釜山等語構虛捏

無釣間飛謀以眩 天將者無所不用其極而猶不

敢做得附賊二字者誠以我國終始處置者明白理

直賊亦知不可以此等誣間之故也不料射 天

之語反出我國舉一國臣民自陷於罪逆變外釁生

言之痛惋原其本情雖橼愚安實卷鍛鍊罪實責國

今日 天朝文武諸官前後森布前頭如此之患難

保其必無不豫爲善處後必噬臍右議政兪泓既在

其處急遣宣傳官諭以與都中諸宰同衆推鞫以賊

到我境之時以下一款語反復嚴詰十分著其開門

納賊附賊射 天等語之所以無根無影自爲鑿空
之由以爲他日有據之地然後彩形泉示領議政崔
與源時未發行則亦令同栽且 罪有首從彩形兄弟
似難並誅一樣取招後嚴四李彩以待朝廷處置事
並反於 下書如何接伴之任非徒趨走供給之謂
所管門下有此怪事終不能禁李德馨處置亦極駭
愕請推考如何 備忘記曰此事處置極難道自我
國率爾推鞫而斷之則反起 天將之疑所謂他日
有據之說未能解見予意似爲不可人心不測做出
如此無形之事會不小懼不可優謂之愚妄律應亂

象村先生文集卷之下　三十四　一

遣而只欲斬示亦未能解得覆議以啓 備邊司

啓曰獄無大小拿鞫得情按律之罪乃定法而今遣

邊外之變事與故常臣等妄意若見拿來則恐於

天將之意有所未快如是 啓請矣今承 聖教不

勝惶恐之至遣箋禁府都事及宣傳官形彩二人

幷爲拿來嚴鞫得情後廣議處置如何 答曰拿來

尤似不可反復思之爭亦無策可施徒自憤惋今日

之計要使 天將萬不一款於其說而已定罪輕重

乃次也今日夜渙明日本司堂上及政院各陳獻議

期於善處 七月二十九日 傳曰宋經畧前揭帖

66

中以甘朴寒為平秀吉云此言出於何處備邊司所
知子何所據而不少之事如是言之問答仍 傳曰
雖無此言經畧畏懼無前進之意若聞此言必如畏
憚如何令備邊司議啓回 啓曰以平秀吉為朴寒
言者臣李鎰聞於被擄逃凸之人云故雖非的報所
聞如此欲八於禀帖之中而今承 上教果為允當
勿為無妨 答曰知道以為非常巨酋之意為辭
八月初一日沈領府事 啓曰臣告老請歸未承
允諭悶默留滯月已易矣近患痢病彌留半月幾危
僅甦八十老人之死凸未卜於朝夕而自 上將進

北▨明此告文集卷之下 三十五

京城豈勢不能跨馬隨　駕此亦可悶臣之請退情
勢多端未敢盡達而日侯向寒旅況尤難今雖退去
若得不死則缺伏願　特除給由之例姑許退去
答曰此時大臣豈可退去何必一時隨駕茲未免從

墓碣銘

同知中樞府事宋公墓碣銘

公諱孟璟字伯圭姓宋氏礪山人上祖貞烈公諱松
禮良敫公諱玢正嘉公諱瑞聯于世爲上相勳名德
業在史可徵其後亦五傳有諱壽官定州牧使卽公
考聚左贊成李克墪之女生公生而質夷長而行成

# 북관일기 하
## 北關日記 下
출처 :《중호선생문집》권하, 1957, 전남대학교 도서관 소장

# 북관일기 서, 발
## 北關日記 序, 跋
출처 :《중호선생문집》권하, 1957, 전남대학교 도서관 소장

여기서부터 영인본을 인쇄한 부분입니다. 이 부분부터 보시기 바랍니다.

역주자 신해진(申海鎭)

경북 의성 출생
고려대학교 국어국문학과 및 동대학원 석박사과정 졸업(문학박사)
전남대학교 제23회 용봉학술상(2019) ; 제25회·제26회 용봉학술특별상(2021·2022)
현재 전남대학교 인문대학 국어국문학과 교수

저역서  『취사 이여빈 용사록』(보고사, 2022), 『양건당 황대중 임진창의격왜일기』(보고사, 2022)
       『농아당 박홍장 병신동사록』(보고사, 2022), 『청허재 손엽 용사일기』(보고사, 2022)
       『추포 황신 일본왕환일기』(보고사, 2022), 『청강 조수성 병자거의일기』(보고사, 2021)
       『만휴 황귀성 난중기사』(보고사, 2021), 『월파 류팽로 임진창의일기』(보고사, 2021)
       『검간 임진일기』(보고사, 2021), 『검간 임진일기 자료집성』(보고사, 2021)
       『가휴 진사일기』(보고사, 2021), 『성재 용사실기』(보고사, 2021)
       『지헌 임진일록』(보고사, 2021), 『양대박 창의 종군일기』(보고사, 2021)
       『선양정 진사일기』(보고사, 2020), 『북천일록』(보고사, 2020),
       『괘일록』(보고사, 2020), 『토역일기』(보고사, 2020)
       『후금 요양성 정탐서』(보고사, 2020), 『북행일기』(보고사, 2020)
       『심행일기』(보고사, 2020), 『요해단충록 (1)~(8)』(보고사, 2019, 2020)
       『무요부초건주이추왕고소략』(역락, 2018), 『건주기정도기』(보고사, 2017)
       이외 다수의 저역서와 논문

# 중호 윤탁연 북관일기 하
## 重湖 尹卓然 北關日記 下

2022년 9월 14일 초판 1쇄 펴냄

**원저자** 윤탁연
**역주자** 신해진
**펴낸이** 김흥국
**펴낸곳** 도서출판 보고사

**책임편집** 이경민
**표지디자인** 김규범

**등록** 제6-0429호
**주소** 경기도 파주시 회동길 337-15 보고사
**전화** 031-955-9797(대표)
**팩스** 02-922-6990
**메일** bogosabooks@naver.com
http://www.bogosabooks.co.kr

ISBN 979-11-6587-389-9 94910
　　　 979-11-6587-387-5 (세트)
ⓒ 신해진, 2022

정가 17,000원